小学生营养教育

教师指导用书

（2021）

指　　导	国家卫生健康委员会疾病预防控制局 国务院妇女儿童工作委员会办公室 全国学校食品安全与营养健康工作专家组
组织编写	中国疾病预防控制中心营养与健康所
总 主 编	赵文华　张　倩
副总主编	胡小琪　余小鸣

人民卫生出版社
·北京·

图书在版编目（CIP）数据

小学生营养教育教师指导用书 . 2021/ 中国疾病预防控制中心营养与健康所组织编写 . —北京：人民卫生出版社，2022.3（2024.9 重印）

ISBN 978-7-117-32329-1

I. ①小… Ⅱ. ①中… Ⅲ. ①营养学 – 小学 – 教学参考资料 Ⅳ. ①G624.93

中国版本图书馆 CIP 数据核字（2021）第 227537 号

人卫智网	www.ipmph.com	医学教育、学术、考试、健康，购书智慧智能综合服务平台
人卫官网	www.pmph.com	人卫官方资讯发布平台

小学生营养教育教师指导用书（2021）
Xiaoxuesheng Yingyang Jiaoyu Jiaoshi
Zhidao Yongshu（2021）

组织编写：中国疾病预防控制中心营养与健康所
出版发行：人民卫生出版社（中继线 010-59780011）
地　　址：北京市朝阳区潘家园南里 19 号
邮　　编：100021
E - mail：pmph @ pmph.com
购书热线：010-59787592　010-59787584　010-65264830
印　　刷：北京铭成印刷有限公司
经　　销：新华书店
开　　本：787 × 1092　1/16　　印张：13
字　　数：226 千字
版　　次：2022 年 3 月第 1 版
印　　次：2024 年 9 月第 4 次印刷
标准书号：ISBN 978-7-117-32329-1
定　　价：55.00 元
打击盗版举报电话：010-59787491　E-mail：WQ @ pmph.com
质量问题联系电话：010-59787234　E-mail：zhiliang @ pmph.com

《小学生营养教育教师指导用书(2021)》

指导委员会

陈君石　中国工程院　院士

吴良有　国家卫生健康委员会疾病预防控制局　副局长

宋文珍　国务院妇女儿童工作委员会办公室　常务副主任

贺连辉　国务院妇女儿童工作委员会办公室　副主任

任发政　全国学校食品安全与营养健康工作专家组　组长

编写委员会

总 主 编　赵文华　张 倩

副总主编　胡小琪　余小鸣

本 册 主 编　张 倩

本册副主编　徐培培　王宏亮

本 册 编 委（按姓氏汉语拼音排序）

毕小艺　曹 薇　甘 倩　高婷婷　胡小琪
贾海先　李 荔　刘开琦　王宏亮　徐培培
许 娟　杨媞媞　余小鸣　张 倩　赵 耀
赵文华

序

　　儿童时期是人生发展的关键阶段，也是学习健康知识、培养良好习惯、养成健康生活方式的重要时期。儿童健康不仅影响个人的成长和发展潜能，更关乎国家的未来和民族的兴盛。

　　随着我国经济社会的快速发展和人民生活水平的显著提高，居民膳食结构和生活方式发生了巨大变化，学龄儿童生长迟缓、消瘦等营养不足问题得到了根本改善，微量营养素缺乏得到有效控制。但与此同时，和许多国家一样，我国儿童超重和肥胖率呈快速上升趋势，已成为影响儿童健康和发展的重要公共卫生问题。儿童时期的营养与健康问题往往会持续到成年，亟须采取有效措施。《"健康中国 2030"规划纲要》明确提出要加大学校健康教育力度，将健康教育纳入国民教育体系，把健康教育作为所有教育阶段素质教育的重要内容。2021年，国务院颁布了《中国儿童发展纲要（2021—2030 年）》，将改善儿童营养状况、增强儿童身体素质作为重要内容，并制定了目标和策略措施。为加强中小学的食品安全与营养健康宣传教育工作，教育部成立了全国学校食品安全与营养健康工作专家组。营养教育是塑造儿童健康饮食习惯和良好健康生活方式习惯的重要手段，为更好地落实党中央、国务院对于儿童健康工作的要求，进一步推进学校营养健康教育和营养改善工作，中国疾病预防控制中心营养与健康所组织该领域专家，结合"营养校园""农村义务教育学生营养改善计划"等工作实践，编写了《小学生营养教育教师指导用书（2021）》《中学生营养教育教师指导用书(2021)》,共有 52 节课,每课由教学目标和重点、教学内容、课堂实践与拓展、扩展阅读组成。

　　新冠肺炎疫情在全球的大流行,进一步提升了人们对健康的重视和对生命的敬畏,也增加了对学习健康知识的渴望和需求。该书的编写委员会由一线工作的老中青三代营养人组成,历时近 3 年时间,听取各方建议,在北京、辽宁、河北、山东、甘肃、浙江、四川、云南、广西部分中小学多次试用并反馈意见后修改完成。真心希望该书能成为各地中小学开展营养教育的教师指导用书,对促进中小学生营养知识的获得、好习惯和好行为的养成有所帮助。

中国工程院院士

2021 年 7 月

前　言

营养是保障儿童生长发育、维护健康的物质基础。中小学阶段是儿童获得营养知识、建立健康习惯、养成终身健康生活方式的关键期。

在国家卫生健康委员会疾病预防控制局、中国疾病预防控制中心的领导和支持下,中国疾病预防控制中心营养与健康所,总结归纳了"营养校园""农村义务教育学生营养改善计划"等项目的实践经验,组织编写了《小学生营养教育教师指导用书(2021)》《中学生营养教育教师指导用书(2021)》。旨在指导和帮助广大中小学生营养健康教育相关领域的教师和工作人员开展营养教育教学工作,通过课堂教学与实践,使中小学生获得科学的、系统的营养健康知识,掌握必要的生活技能,养成良好的饮食行为和健康的生活方式。

《小学生营养教育教师指导用书(2021)》《中学生营养教育教师指导用书(2021)》按照教育部 2008 年发布的《中小学健康教育指导纲要》要求,覆盖小学、初中、高中各阶段,按照年级逐步递进、螺旋上升、有主有次的方式设计了课程内容。全书共 52 课时,其中必讲课 40 课时,为核心内容;拓展课 12 课时,可以按需选择。小学分册共 36 节课,从一年级到六年级,每个年级 6 节课,包括 4 节必讲课和 2 节拓展课;中学分册共 16 节课,其中初中一、二年级各 5 节,包括 4 节必讲课和 1 节拓展课,初三年级和高一、高二年级各 2 节,均为必讲课。

为方便教学,每节课包括教学目标和重点、教学内容、课堂实践与拓展、扩展阅读等四部分。兼顾知识传授和实践应用，便于教师结合各地具体情况开展教学。该书编者由一线工作的"60后"到"90后"几代营养工作人员组成，他们对学生营养教育工作既具有丰富经验与深厚感情，又不乏青春活力与远大志向。

本书编写过程中得到了卫生和教育系统中许多专家、学者，基层教育与卫生工作者，联合国儿童基金会等国际组织专家的大力支持，在此表示衷心的感谢！由于本书是首次编写并出版，难免有不足之处，敬请批评指正，以便再版时补充修改。

谨以此书，感谢我国中小学教师们为教书育人所做的伟大贡献！

谨以此书，献给愿意为中小学生营养教育工作共同努力的教育和卫生工作者们！

总主编

2021 年 7 月

目 录

一年级

第一课　认识食物

一、教学目标和重点

指导学生认识不同食物,掌握食物的分类及每类食物中包括哪些食物,树立食物多样的观念。

二、教学内容

(一) 为什么要吃食物

所谓"民以食为天",机体维持生命、生长发育、生理活动都离不开食物提供的营养。儿童正处于生长发育的关键时期,更要摄入充足的食物。

(二) 食物分类

按照食物的不同来源,可以将食物分为植物性食物和动物性食物两大类。此外,还包括油、盐、糖等其他食品。

1. 植物性食物

(1) 谷类

谷类是我们最常见也是每天都要吃的一类食物,如稻米、小麦、玉米等。

稻米可制作成米饭、大米粥、米线、米粉等。

小麦经研磨后就是小麦粉,小麦粉可制作成馒头、烙饼、面包、面条等。

玉米煮熟后可以直接食用,还可以研磨成玉米粉或玉米糁,玉米粉可以制作成玉米饼、窝头等,玉米糁可以煮粥。

儿童每天要吃适量的谷类(表 1-1-1)。

表1-1-1 常见的谷类食物

天然食物	成品			
 稻米	 米饭	 大米粥	 米线	 米粉
 小麦	 馒头	 烙饼	 面包	 面条

（2）薯类

薯类包括红薯、马铃薯、山药和芋头等（表1-1-2）。

红薯可直接蒸、烤食用，也可以制作成红薯饼、红薯粥等，还可加工制成红薯粉条。

马铃薯俗称土豆，土豆的烹调方式多样，既能制作成主食食用，如制作成土豆泥，又能切成丝、片、块状作为炒菜时的主料或配菜，如炝土豆丝、炒土豆片、炖土豆块等。

山药可以蒸熟了直接食用或熬制山药粥等，还可切成片状、条状炒制，如清炒山药。

表1-1-2 常见薯类食物

天然食物	成品			
 红薯	 烤红薯	 红薯饼	 红薯粥	 红薯粉条
 马铃薯（土豆）	 土豆泥	 土豆粉条	 土豆烧肉	 炒土豆丝

续表

天然食物	成品	
山药	山药粥	清炒山药
芋头	蒸芋头	

(3) 大豆类

大豆类按种皮的颜色可分为黄豆、青豆、黑豆。大豆类可煮熟后直接食用，也可制作成各种豆制品，如豆浆、豆腐、豆腐干和豆腐乳等（表1-1-3）。

表1-1-3　常见大豆类及豆制品

大豆类	黄豆	青豆	黑豆	
豆制品	豆浆	豆腐	豆腐干	豆腐乳

(4) 杂豆类

杂豆类包括豌豆、绿豆、豇豆、赤小豆等。

赤小豆

豌豆

绿豆

(5) 蔬菜类

蔬菜的种类很多,不同种类的蔬菜食用部位不同。有些吃嫩茎和叶,如芹菜、菠菜;有些吃花,如西蓝花、花菜;有些吃根茎,如萝卜、土豆;有些吃瓜果,如南瓜、冬瓜。

蔬菜也是五颜六色的,分为深色蔬菜和浅色蔬菜。深色蔬菜包括深绿色、橘红色和紫色的蔬菜,如菠菜、油菜、胡萝卜、西红柿、紫甘蓝、红苋菜等。浅色蔬菜主要包括白菜、萝卜、黄瓜、卷心菜等。

儿童每天要吃新鲜的、品种丰富的蔬菜(表 1-1-4)。

表 1-1-4　常见蔬菜(按颜色深浅分类)

深色蔬菜	深绿色蔬菜	菠菜	油菜
	橘红色蔬菜	胡萝卜	西红柿
	紫色蔬菜	紫甘蓝	红苋菜
浅色蔬菜		白菜　　白萝卜　　卷心菜	

(6) 水果类

水果通常分为浆果类、柑橘类、核果类、仁果类和瓜类五大类。

浆果类水果包括草莓、桑葚、蓝莓等。

柑橘类水果包括橘子、柠檬、柚子等。

核果类水果包括樱桃、龙眼、荔枝等。

仁果类水果包括苹果、梨、山楂等。

瓜果类水果包括西瓜、香瓜、网纹瓜等。

儿童要经常吃新鲜、应季和不同种类的水果（表 1-1-5）。

表 1-1-5　常见水果

浆果类	草莓	桑葚	蓝莓
柑橘类	橘子	柠檬	柚子
核果类	樱桃	龙眼	荔枝
仁果类	苹果	梨	山楂
瓜果类	西瓜	香瓜	网纹瓜

(7) 坚果类

坚果类食物包括瓜子、花生、核桃、杏仁等。

2. 动物性食物

(1) 畜禽肉类

畜肉、禽肉都属于动物性食物。畜肉包括猪肉、牛肉、羊肉等,也就是我们通常所说的"红肉"。禽肉如鸡肉、鸭肉、鹅肉等,也就是我们通常所说的"白肉"(表1-1-6)。

表1-1-6 常见肉类

畜肉			
	猪肉	牛肉	羊肉
禽肉			
	鸡肉	鸭肉	鹅肉

不同种类、不同部位的肉可以制作成不同的美食。以鸡肉为例,我们可以制作成宫保鸡丁、炸鸡柳、红烧鸡翅、照烧鸡腿饭等多种美食。

宫保鸡丁   红烧鸡翅

(2) 奶类

生活中常见的奶类包括牛奶、羊奶等,其中牛奶是我们饮用最多的奶类。

奶制品是以牛(羊)奶为原料进一步加工而成的,包括酸奶、奶酪、奶粉、炼乳等(表 1-1-7)。

表 1-1-7 常见奶类及奶制品

奶类	牛奶	羊奶		
奶制品	酸奶	奶酪	奶粉	炼乳

(3) 蛋类

蛋类包括鸡蛋、鸭蛋、鹌鹑蛋等。蛋类的吃法多种多样,以鸡蛋为例,可以做成煮鸡蛋、鸡蛋羹、西红柿炒鸡蛋、鸡蛋饼等。

煮鸡蛋

鸡蛋羹

西红柿炒鸡蛋

蛋制品是对蛋类进一步加工制成的,包括松花蛋、咸鸭蛋、卤蛋等(表1-1-8)。

表1-1-8　常见蛋类及蛋制品

蛋类	鸡蛋	鸭蛋	鹌鹑蛋
蛋制品	松花蛋	卤蛋	

(4) 水产品类

　　水产品包括鱼、虾、蟹、贝等,例如带鱼、草鱼、龙虾、大闸蟹、扇贝、海螺等。水产品也属于"白肉"。

　　水产制品是对鱼、虾等进一步加工制成的,如鱼丸、鱿鱼干、虾皮、沙丁鱼罐头等。

表1-1-9　常见水产品

水产品	鱼	虾	贝类
水产制品	鱼丸	虾皮	鱼干

三、课堂实践与拓展

(一) 准备材料

请学生们将自己前一天吃的食物记录下来并告诉老师,由老师制作成卡片或整理成电子图片。

(二) 认一认,说一说

老师带领学生们,交流昨天都吃了哪些食物?属于哪一类?老师展示准备好的卡片或图片,让学生们根据卡片或图片认识食物。

(三) 课后操作

请将以下食物正确归类,将字母填到对应类别下。

A. 米饭   B. 花菜   C. 鱼肉   D. 豆浆   E. 苹果   F. 面条   G. 菠菜

H. 鸡肉   I. 豆腐   J. 馒头   K. 胡萝卜   L. 纯牛奶   M. 花生   N. 猪肉

种类	选项
谷类、薯类	
蔬菜、水果类	
畜、禽、蛋、奶、水产品类	
大豆、坚果类	

四、扩展阅读

(一) 中国居民膳食指南(2016)

中国营养学会根据《中国居民膳食指南(2016)》核心内容和推荐,提出了平衡膳食宝塔。宝塔共分五层,代表五类食物,各层面积大小不同,表示每类食物需要的摄入量不同,构成符合我国居民营养需要的比较理想的膳食构成。谷薯类食物在最底层,表示需要量最多,其次从下到上依次是蔬菜水果类、畜禽肉蛋类、奶类和大豆坚果类,油、盐在最上层,表示需要量最少。

中国居民平衡膳食宝塔（2016）

盐	<6克
油	25~30克
奶及奶制品	300克
大豆及坚果类	25~35克
畜禽肉	40~75克
水产品	40~75克
蛋类	40~50克
蔬菜类	300~500克
水果类	200~350克
谷薯类	250~400克
全谷物和杂豆	50~150克
薯类	50~100克
水	1 500~1 700毫升

每天活动6 000步

参考资料：中国营养学会. 中国居民膳食指南(2016). 北京：人民卫生出版社，2016.

（二）中国居民平衡膳食餐盘(2016)

中国居民平衡膳食餐盘是按照平衡膳食原则，在不考虑烹饪用油盐的前提下，描述了一个人一餐中膳食的食物组成和大致比例。

餐盘分为4部分，分别是谷薯类、动物性食品和富含蛋白质的大豆、蔬菜和水果，餐盘旁的一杯牛奶提示其重要性，是一个人一餐中的食物基本构成的描述。结合餐盘图中色块显示，蔬菜和谷物面积最大，是膳食中的重要部分。按照重量计算，蔬菜占膳食总重量的34%~36%，谷薯类占总膳食重量的26%~28%，水果次之，占膳食总重量的20%~25%。动物性食品和大豆最少，占膳食总重量的13%~17%。

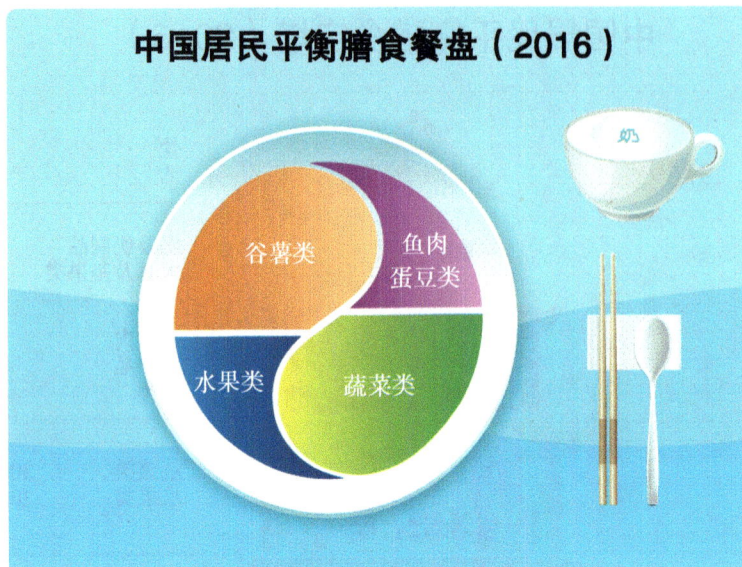

中国居民平衡膳食餐盘（2016）

谷薯类

鱼肉蛋豆类

水果类

蔬菜类

参考资料：中国营养学会. 中国居民膳食指南(2016). 北京：人民卫生出版社,2016.

第二课　热爱各种食物

一、教学目标和重点

指导学生认识各类食物的营养特点，从小养成良好的饮食习惯，不偏食、不挑食，热爱各种食物。

二、教学内容

（一）各类食物的营养特点

食物是人类赖以生存的物质基础，可提供人类需要的能量和各种营养素。营养素包括碳水化合物、蛋白质、脂类、维生素、矿物质、水和膳食纤维，前三种营养素可以提供能量。不同种类食物所含有的能量和营养素的量不同，具有不同的营养特点。

1. 谷薯类

谷薯类食物富含碳水化合物，烹调后容易消化和利用，是人体最主要，也是最经济的能量来源。人体所需要的能量有一半以上来自于谷薯类食物。谷薯类还含有很多其他重要的营养素，如维生素和矿物质等。

2. 蔬菜水果类

蔬菜和水果种类繁多,不同蔬菜水果的特点有所不同。大部分蔬菜、水果的能量低,含有丰富的维生素、矿物质和膳食纤维,是人体维生素、矿物质和膳食纤维的重要来源。新鲜蔬菜、水果有助于维持身体健康,降低患慢性疾病的风险,对于肠道健康也有益。

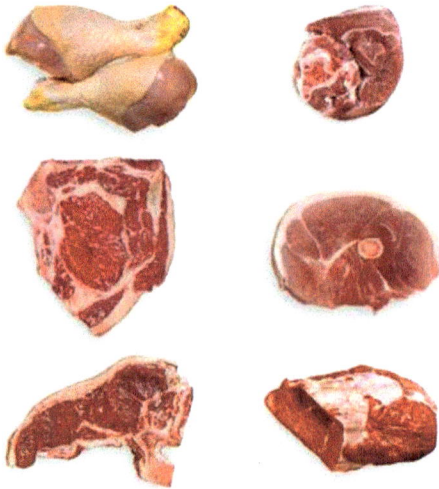

3. 畜禽肉类

畜禽肉是蛋白质的主要来源,蛋白质构成人体的"建筑材料",人体的生命活动、生长发育、组织更新,都离不开蛋白质。这类食物也是能量和脂肪的重要来源,越肥的肉类所含的脂肪和能量越高。

4. 水产品类

鱼虾等水产品中蛋白质含量丰富,比畜禽肉更易消化。鱼虾中的脂肪含量较畜禽肉低,还富含对心血管和大脑发育有益的营养素。

5. 蛋类

蛋类中的各种营养成分齐全,营养价值高。蛋类中的蛋白质较丰富,含量跟猪肉接近,吸收率高达 98%。蛋类的脂肪主要集中在蛋黄,维生素、矿物质也较丰富。

6. 奶类

奶类是一类营养素种类较齐全、营养价值高、容易消化的食物。奶类提供优质蛋白质、维生素 B_2 和钙,是膳食钙的重要来源。

7. 豆类

大豆蛋白质含量较高,是植物性食物里蛋白质含量最高的食物。大豆中还含有丰富的矿物质和维生素,具有较高的营养价值。大豆经过加工制成各种豆制品,更易于消化。

8. 坚果类

坚果营养较丰富,富含脂肪、蛋白质、矿物质和维生素。核桃、榛子、花生、杏仁等坚果脂肪含量较高,且含较多不饱和脂肪酸。由于脂肪含量较高,坚果的能量也较高。

9. 油、盐、糖

烹调油分为植物油和动物油。植物油如花生油、菜籽油、橄榄油等,动物油如猪油、鱼油、牛油等。烹调油是脂肪和维生素 E 的重要来源。

食盐是烹饪食物或加工食品的主要调味品。

糖属于纯能量食物。

油、盐、糖都不宜摄入过多。

(二) 不偏食,不挑食,食物多样

1. 什么是挑食、偏食

挑食是指对某些食物挑剔,讨厌或拒绝进食某一种或某几种食物的行为。

偏食指对食物的明显偏好行为,偏好选择和摄取某些食物,而不接受某一或某些食物。

2. 挑食、偏食的危害

儿童处于生长发育时期,需要保证充足、均衡的营养。各类食物的营养特点不同,儿童如果挑食、偏食就会导致某类食物和营养素(也可能包括能量)摄入不足或者过量,从而影响生长发育和健康。例如,如果只吃蔬菜水果、不爱吃肉,会造成蛋白质摄入不足,导致营养不良、贫血等。营养不良会导致儿童身材矮小、免疫力低、容易生病。如果只爱吃肉,有可能导致超重肥胖。超重肥胖对儿童危害很大,可以影响呼吸系统、心血管系统、免疫系统、内分泌系统的功能和运动能力,也对儿童的心理健康和学习能力带来多方面的危害。

3. 如何做到不挑食、不偏食、食物多样

食物多样是平衡膳食的基本原则,不同食物中营养物质的种类和含量各不相同。可引导儿童从小尝试吃各种各样的食物。

(1) 啥都吃

不偏食挑食的关键就是要摄入各种食物。不能因为喜爱就偏食某些食物,也不能因为讨厌就挑食甚至拒绝某些食物。没有吃过的食物要勇于尝试,可以更换烹饪方法后让儿童再尝试以前不喜欢的某种食物。

（2）五颜六色

食物自然的颜色除了让食物漂亮诱人、可以刺激食欲外,不同颜色也代表了食物各自的营养特点,例如橙色的胡萝卜、芒果中的维生素 A 可以保护视觉功能,当处于黑暗中时看得更清晰;红色的西红柿中的番茄红素具有抗肿瘤的功效;紫色的蓝莓、紫薯中的花青素具有抗氧化作用,可以预防癌症、心血管疾病的发生。

（3）每类都有

一日三餐的食物应类别齐全,即包含谷薯类、蔬菜水果类、畜禽鱼蛋奶类、大豆坚果类等食物,有主食、有荤菜、有素菜。每天的食物品种数应达到 12 种以上,每周达到 25 种(例:米饭、面包各为 1 种,芹菜、圆白菜各为 1 种,香蕉、橘子各为 1 种)。

早餐至少摄入 4~5 个品种,午餐摄入 5~6 个品种,晚餐 4~5 个品种。传统的二米饭、豆饭、八宝粥、馄饨、包子等都是增加食物品种的好方法。

（4）同类互换

一段时间内可以将同类别食物进行互换。例如:中午吃米饭,晚上可以吃面条,第二天可选择小米粥;今天吃猪肉,明天吃牛肉、后天吃鱼虾;各种蔬菜搭配吃;牛奶与酸奶互换;每天尽可能选择不同水果。通过同类食物互换,可避免每天食物品种重复,从而达到食物多样的目的。

三、课堂实践与拓展

（一）评一评

请学生交流各自昨天吃的食物,以及是否有喜欢或不喜欢吃的某种食物。如果有,说出不吃或只吃某种食物带来的健康问题。

（二）填一填

调查小学生饮食习惯现状,请学生独立完成下列问题。

1. 你每天吃几种蔬菜？

    A. 不吃　　　　　　　B. 1 种　　　　　　　C. 2 种及以上

2. 你每天吃水果吗？

    A. 基本不吃　　　　　B. 偶尔吃　　　　　　C. 天天吃

3. 你每天吃肉类食品吗？

    A. 基本不吃　　　　　B. 偶尔吃　　　　　　C. 天天吃

4. 你每天吃鸡蛋吗？

    A. 基本不吃　　　　　B. 偶尔吃　　　　　　C. 天天吃

5. 你每天喝牛奶、酸奶或奶粉吗？

    A. 基本不喝　　　　　B. 偶尔喝　　　　　　C. 天天喝

6. 你每天吃豆类或豆制品吗？

    A. 基本不吃　　　　　B. 偶尔吃　　　　　　C. 天天吃

四、扩展阅读

家长如何引导孩子不偏食、不挑食

许多儿童都有偏食、挑食的问题。对于父母来说，有责任对儿童开展教育，纠正儿童的不良饮食习惯，培养儿童热爱各种食物的正确态度。

1. 每两餐间隔时间 4 小时左右。

2. 限制一餐的进餐时间在 30 分钟之内。

3. 鼓励儿童尝试以前不爱吃的食物。

4. 将儿童不喜欢的食物混合在喜欢的食物中，逐渐调整两者比例。

5. 营造快乐进食的家庭氛围，消除让儿童进食分心的事物如看电视、讲故事、玩玩具等。

6. 激发对食物的兴趣，将儿童不爱吃的食物制作成儿童喜欢的有趣的图案或卡通形象，或使用儿童喜欢的餐具盛装食物。

7. 不把儿童爱吃的不健康食物如糖果、蛋糕等作为奖励。

8. 家长或抚养人保持良好的饮食行为，自身不挑食、偏食，购买食物时做到食物多样，为孩子树立榜样。

第三课　三餐有规律

一、教学目标和重点

指导学生认识三餐规律的重要性,掌握三餐规律的核心内容,树立三餐有规律的意识,并在日常生活中逐步养成规律饮食的好习惯。

二、教学内容

(一) 一日三餐益处多

儿童生长发育、学习和身体活动都需要营养物质,营养物质存在于日常所吃的各类食物中。但是,我们所需的各种营养物质不能一顿都吃进去,而是需要从一日三餐中获得。因为食物从吃进去到消化完需要几个小时,所以要每隔几个小时吃一餐来满足身体对营养物质的需要。一般两餐的时间间隔为 4~6 小时,这样就形成了人们一日吃三餐的饮食习惯。

学龄儿童的消化系统处于发育阶段,一日三餐规律进食才能不断为身体提供各种营养物质,满足他们的需要。三餐规律也是一项最基本的健康饮食行为。儿童期形成的健康饮食行为不仅能保证他们获得生长发育所需的充足、均衡的营养,而且这些好习惯还会延续到成年,为成年期的身体健康奠定良好的基础。

(二) 一日三餐须定时

通常情况下,早餐时间应在 6:30—8:30,午餐应在 11:30—13:30,晚餐应在 17:30—19:30。

两餐间隔时间要适宜,如果间隔时间过短,前一餐的食物还没有被很好地消化就又吃进了这一餐的食物,会出现消化不良或食欲下降;但如果间隔时间过长,

能量和各种营养素又得不到及时供应,会感到饥饿、疲劳、注意力不集中,影响学龄儿童的学习和身体活动等。

进餐的时间也要长短适宜。如果狼吞虎咽,进餐时间太短,食物在口腔里得不到很好的咀嚼,进入胃中会不易消化、增加胃肠负担,长此以往会导致消化不良等胃肠道疾病的发生。此外,进餐时要专心,不要养成边玩边吃,或者边看电视或手机边吃的习惯。因为这样进餐不仅耽误时间,而且会在不知不觉之间吃进去过多的食物,从而导致超重、肥胖,还可能出现食物进入气管等危险情况的发生。

(三) 一日三餐须定量

一日三餐的总量要适宜。每个人的早、中、晚餐摄入的量一般是相对固定的,"饥一顿,饱一顿"的饮食方式对学龄儿童的健康非常不利。

早餐是一天中的第一餐,营养充足的早餐可以保证学龄儿童有充沛的精力进行上午的学习活动,所以早餐一定要吃好,并且种类要丰富,要吃 4~5 种食物。午餐在一天中起到承上启下的作用,要丰富足量,要摄入 5~6 种食物,而且一定要吃饱。晚餐要适量,可以摄入 4~5 种食物,同时不要吃得太多或太晚。这里指食物品种,如米饭、馒头是 2 个品种;猪肉、鸡肉是 2 个品种;白菜、菠菜也是 2 个品种。每天不重复的食物品种达到至少 12 种。每餐尽量都包括谷薯类、新鲜蔬菜水果、鱼禽肉蛋类、奶类及大豆类等四类食物,或至少达到三类,尤其是早餐。这就是通常所说的"早餐要吃好、午餐要吃饱、晚餐要适量"。

三、课堂实践与拓展

1. 让学生想一想昨天早、中、晚三餐的进餐时间。请在表示早餐、中餐和晚餐时间的三个时钟上画上时针和分针。

早餐   中餐   晚餐

2. 下面是各类食物图,请学生把昨天一日三餐吃过的食物圈起来,图片中没有的食物学生自己尝试画一画。

早餐:

谷 薯 类

米饭

馒头

包子

饺子

面条

面包

_____
其他

蔬菜和水果类

叶菜

西红柿

萝卜

菜花

茄子

黄瓜

_____
其他

苹果

橘子

西瓜

桃子

香蕉

葡萄

_____
其他

畜禽肉蛋奶类

畜肉

禽肉

水产品

蛋类

奶类及奶制品

_____
其他

大豆坚果类

豆类

豆制品

坚果

_____
其他

午餐：

谷 薯 类

米饭

馒头

包子

饺子

面条

面包

_____
其他

蔬菜和水果类

叶菜

西红柿

萝卜

菜花

茄子

黄瓜

_____
其他

苹果

橘子

西瓜

桃子　　　　　　　　香蕉　　　　　　　　葡萄　　　其他

畜禽肉蛋奶类

畜肉　　　　　　　　禽肉　　　　　　　　水产品

蛋类　　　　　　奶类及奶制品　　　　　其他

大豆坚果类

豆类　　　　　　豆制品　　　　　　坚果　　　其他

晚餐：

谷薯类

米饭

馒头

包子

饺子

面条

面包

_____
其他

蔬菜和水果类

叶菜

西红柿

萝卜

菜花

茄子

黄瓜

_____
其他

苹果

橘子

西瓜

桃子　　　　　　　香蕉　　　　　　　葡萄　　　其他

畜禽肉蛋奶类

畜肉　　　　　　　禽肉　　　　　　　水产品

蛋类　　　　　　奶类及奶制品　　　　其他

大豆坚果类

豆类　　　　　　豆制品　　　　　　坚果　　　其他

四、扩展阅读

（一）中国儿童平衡膳食算盘

为了形象地展示学龄儿童膳食指南的核心推荐内容，中国营养学会制定了"中国儿童平衡膳食算盘"。算盘用不同的色彩代表不同种类的食物，用算珠的个数来示意食物的份量。

算盘中食物的份量适用于中等身体活动水平下的 8~11 岁儿童。算盘共有 6 层，由下到上依次为：橘色代表谷物，每天应摄入 5~6 份；绿色代表蔬菜，每天应摄入 4~5 份；蓝色代表水果，每天应摄入 3~4 份；紫色代表畜禽肉蛋水产品，每天应摄入 2~3 份；黄色代表大豆坚果和奶及奶制品，每天 2 份；红色代表油盐，每天 1 份。算盘下方是背着水壶跑步的儿童及"户外活动 1 小时"的提示，表达要鼓励儿童喝白开水，并每天运动、锻炼身体。

如果按照《中国居民膳食指南(2016)》针对 7 岁儿童食物摄入量的建议，转

油盐类适量

大豆坚果奶类2~3份

畜禽肉蛋水产品类2~3份

水果类3~4份

蔬菜类4~5份

谷薯类5~6份

中国儿童平衡膳食算盘（2016）

户外活动1小时

参考资料：中国营养学会 . 中国学龄儿童膳食指南(2016). 北京：人民卫生出版社, 2016.

换为膳食算盘的形式,如下:橙色代表的谷(薯)类 4.5~5.5 份(1 份熟的谷物为 50~60g,约为半碗米饭或成人半个拳头大的馒头);绿色代表的蔬菜 3~4.5 份(1 份为洗干净后的生的菜 100g,约可用单手轻松抓起的量,或者是双手一捧的量);蓝色代表的水果 2~3 份(1 份为去皮去核后的水果 100g,约为半个中等大小的苹果的量);紫色代表的畜禽肉蛋水产品类 2.5~3 份——畜禽肉 1 份,蛋类 0.5~1 份,水产 1 份(1 份畜禽肉及水产为去骨/刺后的 50g,约为成年人手掌心大;1 个鸡蛋约为 50g);黄色代表的大豆坚果和奶及奶制品 2 份——乳类 1.5 份(1 份奶为 200ml,约为 200ml 的 1 个玻璃杯的量),大豆 0.5 份(1 份大豆为 20g,约为成年人单手一捧的量),坚果适量;油盐适量,每日摄入油不超过 20~25g,盐不超过 5g。

(二) 三餐规律与健康

一日三餐进餐不规律,如不吃早餐、进食速度过快等,对儿童健康均有不良的影响。

中国居民营养与健康状况调查(2010—2012)显示,有 6.5% 的 6~11 岁学龄儿童达不到一天吃三餐,而且以不吃早餐为主。一项在我国 6 城市开展的调查显示,4、5 年级小学生达不到每天吃早餐的比例为 11.5%,而 31.8% 的学生早餐食物种类不足 3 类。我国农村小学生达不到每天吃早餐的比例为 23.2%;早餐食物种类不足 3 类的小学生比例达到 75.3%。早餐所提供的能量和营养素不仅能满足儿童体格发育的需要,而且国内外多项研究均证明,进食早餐能提高儿童认知能力。不吃早餐或者早餐的营养不充足会增加儿童超重肥胖的风险,并增加成年期糖尿病、心脑血管疾病发生的风险。

进食速度过快会增加儿童超重和肥胖的风险。在进餐过程中,胃肠道充盈、血糖上升等饱食信号可刺激机体减缓进食速度,直到终止进食。如果进食速度过快,则该调控机制还没有发挥作用时儿童已经摄入过多食物,从而导致超重和肥胖的发生。2014 年一项针对我国 0~14 岁儿童开展的调查显示,进食速度快是儿童肥胖发生的危险因素。一项针对北京市小学生开展的调查也显示,进食速度快是儿童超重肥胖的独立危险因素。这是因为这种饮食习惯直接导致摄入过多食物。

第四课　喝足水保健康

一、教学目标和重点

指导学生了解水和合理饮水对健康的重要性，掌握儿童每日饮水推荐量及生活中常见清洁卫生的饮用水种类，并逐步养成主动足量饮水的好习惯。

二、教学内容

（一）健康离不开水

水是一种人体必需的营养素，与空气、食物一起被称为人类生命和健康的三大要素。我们的生命离不开水，身体缺水会对我们的健康造成很大危害。

儿童身体内的水分含量比成人高，占体重的比例超过 70%。水不仅是人体的重要组成成分，还具有重要的生理功能。如食物在口中咀嚼需要唾液的参与，唾液的主要成分就是水；食物在胃中消化时需要的消化液（胃液）含有大量水；身体里的血液也含有大量的水分。水可以帮助各种营养物质在体内的运送，也帮助将身体产生的代谢废物排出体外。水还具有调节体温的作用，例如高温的时候，我们的身体会通过蒸发水分（出汗）来降低体温。

（二）每天要喝足量水

学龄儿童每天要喝足量的水才能满足身体的需要。当我们感到口渴，同时出现少尿以及尿的黄色变深时，就说明身体已经缺水了。身体缺水不仅会导致食欲下降，当缺水较多时还会出现全身无力、烦躁、头疼、注意力无法集中的情况，甚至可能危及生命。

不同年龄的儿童，每天推荐的饮水量也不同。6岁儿童每天建议饮水800ml，一纸杯大概为200ml，800ml大概相当于4纸杯水；7～10岁儿童每天建议饮水量1 000ml，也就是相当于5纸杯左右的水。当天气炎热或运动时，因出汗较多，还需要适当增加饮水量。

表1-4-1　6～17岁儿童的建议饮水量

年龄/岁	饮水量/ml	
	男生	女生
6	800	800
7～10	1 000	1 000
11～13	1 300	1 100
14～17	1 400	1 200

参考资料：中国营养学会．中国学龄儿童膳食指南(2016).北京：人民卫生出版社，2016.

少量多次饮用是科学的饮水方法。学龄儿童早晨起床后可饮用一杯水（100～200ml）；在学校期间，每个课间可以喝100～200ml水；在闲暇时也可以每小时喝100～200ml水。需要注意的是，不要在进餐前后短时间内大量饮水，这样会影响食欲和食物的消化；也不要等到口渴了才喝水，要做到少量多次，随时饮用。

(三) 选择安全卫生的饮用水

学龄儿童应饮用安全卫生的水，不洁净的水会引起腹痛腹泻，感染某些疾病等。

生活中最常见的白开水（温开水或凉开水）经济、卫生，是饮用水的首选。市场上售卖的正规厂家生产的质量合格的包装饮用水，如矿泉水、纯净水等也是

白开水

矿泉水

自来水

安全的饮用水。自来水一般需要经过煮沸后再饮用,不要直接饮用未经煮沸的自来水,因为自来水中可能有一些未被杀死的致病细菌/病毒等。江河湖泊、水塘、水沟和水井中的水也可能含有致病细菌/病毒和其他有害物质,都不能直接饮用。

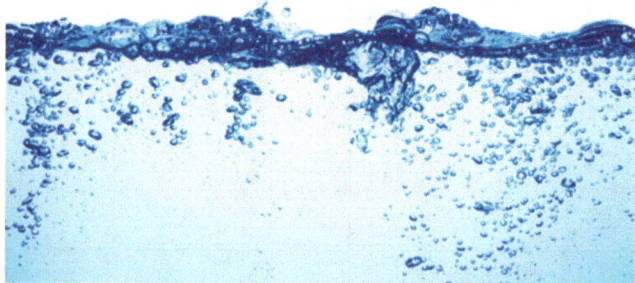

江河湖海水不能直接饮用

　　此外,一定不能用饮料来代替饮用水。大部分饮料含有较多的添加糖,长时间过多饮用会对学龄儿童的健康造成危害,如导致超重和肥胖等。经常饮用碳酸饮料还会导致龋齿("虫牙"),影响口腔健康,还可能对儿童骨骼健康产生不利影响。

三、课堂实践与拓展

　　1. 下面是一些同学平时喝水的行为。请根据本课学习到的饮水知识,在你认为正确的行为后面的格子中画"√",在认为错误的行为后面的格子中画"×"。

饮水行为	这么做对不对?
没感觉口渴时就不用喝水	
每天要喝 4~6 杯水	
把饮料当水喝	
喝白开水 / 凉白开 / 温开水	
在自来水管下直接喝水	
直接喝河里、湖里、水塘里的水	

　　2. 请同学们做一个观察实验:拿一个苹果(如果表面有蜡的话,要把蜡清洗掉)放在盘子中,然后放在家里的桌子、台子上,连续观察一周苹果皮的变化。并画一下第一天、第三天和第七天苹果的样子。并思考一下,苹果的样子为什么会发生这样的变化。

天数	苹果的模样
第一天	
第三天	
第七天	

四、扩展阅读

(一) 身体不同程度的缺水表现

水是生命之源,人体离不开水。身体缺水时会有一定的表现,也就是身体会发出一些"信号",提醒我们身体缺水了。那么这些缺水的信号有哪些呢? 身体缺水首先会感觉口渴,这也是身体缺水最早发出的信号。随着身体水分的减少,尿液的量会变少,颜色会由原来的淡黄色逐渐加深,而且缺水越严重颜色就越黄。便秘也是身体缺水的一种表现(当然,不是所有的便秘都是因为缺水导致的),因为缺水时肠道会吸收更多的水分来补充体液,从而导致大便干结。此外,身体缺水

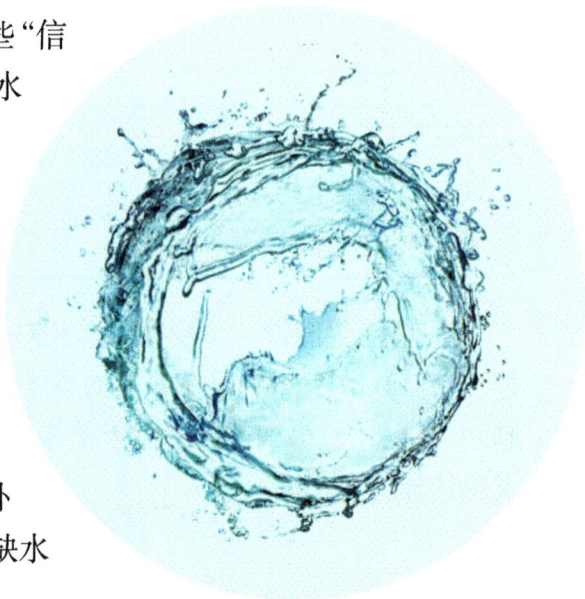

还有一些其他反应。当身体失水达到体重的2%时,人们除了感到口渴和少尿外,还会出现食欲下降、消化功能减弱;如果失水达到体重的10%,就会导致严重的生理功能紊乱,出现烦躁、全身无力、体温升高、血压下降、皮肤失去弹性;而当身体失水达到体重的20%时,就会引起死亡。

(二) 水的来源和去路

身体里的水是从哪里来的,又去了哪里?

身体里水的来源有三个,即饮水、吃的食物中的水,以及体内产生的水。饮用的水和食物中的水从口进入身体后,在快速通过食管后进入胃中。摄入的水除了小部分留在胃中,其余都随着食物进入肠道。之后水会被肠道吸收进入血液,在身体里发挥各种作用。

身体里的水会随着尿液、粪便而排出体外,也会通过呼吸和出汗而排出。肾脏是人体水分重要的代谢中心,被称为过滤血液的"净化厂"和制造尿液的"生产厂"。血液进入肾脏后,一些代谢废物,如尿素、尿酸、肌酸酐,以及多余的盐分、水分等留下来形成尿液,最后排出体外。肠道中的一部分没有被吸收的水会和消化的食物一起,最终随着粪便排出体外。为了调节体温,保持皮肤湿润,还有一些水分通过皮肤的毛孔以出汗的方式排出体外。最后还有一部分水分是通过呼吸以水蒸气的方式排出体外(冬天呼出的"白色的气体",就是呼出去的气体中含有的水分在冬天的低温下液化而成)。

第五课　多喝奶促健康

一、教学目标和重点

指导学生认识常见的奶及奶制品,掌握每天的饮奶量,培养学生在生活中养成每天喝奶的好习惯。

二、教学内容

(一) 常见的奶及奶制品

常见的奶有牛奶、羊奶等,其中以牛奶最为常见,消费量最大。液态奶经过加工后可制成各种奶制品,如酸奶、奶粉、奶酪等。

鲜奶

奶粉

酸奶

奶酪

(二) 奶及奶制品的营养特点

奶及奶制品营养成分齐全,且易消化吸收。牛奶中矿物质含量丰富,是钙的良好食物来源,还富含磷、钾、镁、硫、锌等。经常喝奶及食用奶制品,有利于儿童的骨骼健康。同时,牛奶也是优质蛋白质的良好来源。蛋白质是儿童生长发育的基础,儿童时期坚持喝奶,将受益终生。

(三)建议的饮奶量

学龄儿童应当坚持每天喝奶,每天的饮奶量应达到300g或相当量的奶制品,至少一袋(盒)牛奶(200~250ml)加一杯酸奶(100~125ml)。例如早餐饮用一杯牛奶(200~250ml),午餐或晚餐后加一杯酸奶(100~125ml),可达到每天 300g 饮奶量的标准,或者课间饮用牛奶或酸奶。不同奶制品口味和营养特点有所不同,可以互相搭配,丰富饮食多样性。

不同奶制品蛋白质含量不同,按照相同的蛋白质含量折算:

100g 鲜牛奶 =100g 酸奶 =12.5g 奶粉 =10g 奶酪

(四)饮奶不适如何处理

如果喝奶后出现肠鸣、嗳气、腹泻,而没有其他不适症状,又不属于牛奶过敏,这种现象在医学上称为乳糖不耐受。出现这些症状,可以尝试以下方法:

1. 如果喝牛奶感觉不舒服,一定要告诉家长和老师。

2. 喝酸奶或低乳糖奶,如低乳糖牛奶、酸奶、奶酪等。

3. 不要空腹喝奶,可以在吃饭时或者饭后 1~2 小时内喝。喝牛奶时可以搭配一些馒头、面包类的主食,可减轻肠鸣、嗳气和腹泻的症状。

4. 少量多次喝奶,可以先从每次喝 1/3 杯(50ml)开始,逐渐增加,直到适应。

三、课堂实践与拓展

1. 老师提前准备健康骨骼和骨质疏松骨骼的对比图片。

2. 让同学们看图对比健康骨骼和骨质疏松骨骼的区别。

教师讲解:钙是人体骨骼发育的基本原料,人体钙摄入不足可能会导致成年后骨质疏松,易发生骨折。牛奶含钙量丰富,且易于消化吸收,每天喝奶,有助于维持骨骼健康。

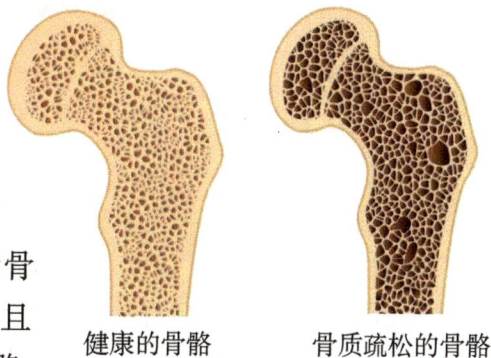

健康的骨骼　　　　骨质疏松的骨骼

四、扩展阅读

学生饮用奶计划

为改善我国中小学生的营养状况，2000年由农业部、教育部等七部委联合推出中国学生饮用奶计划，旨在通过在课间向在校中小学生提供一份优质牛奶，以提高他们的身体素质，并培养他们合理的饮食习惯。

学生饮用奶是为在校学生专供饮用的牛奶。学生饮用奶是国家提供给学生的一项福利，包装上不得印制条形码，直接配送到学校，禁止在市场上销售，是学生校内饮用的专供产品。

在"学生饮用奶计划"的实施中，国家实行统一的管理，并对定点生产企业的质量标准、销售方式、销售范围、销售价格和消费对象等都有一定的限制性规定。因此，学生饮用奶具有产销规范、质高价优的特点。该计划让处在成长发育期的少年儿童在繁忙的在校学习期间，及时补充营养，并借此改善他们的营养健康状况，是利国利民造福后代的一项民心工程。

第六课　用餐卫生与饮食礼仪

一、教学目标和重点

指导学生了解饮食卫生和饮食礼仪的基本知识，掌握基本的用餐卫生和餐桌礼仪，在日常生活中养成良好的用餐卫生和礼仪习惯，懂得珍惜食物，避免浪费。

二、教学内容

大家都十分重视孩子"舌尖上的营养"，却往往忽略了孩子"舌尖上的教养"，也就是最基本的用餐习惯和饮食礼仪。饮食礼仪是儿童食育的重要组成部分，礼仪是美德的基础，儿童饮食礼仪的培养也是德育的一部分。培养孩子举止得体、文明礼貌的餐桌礼仪，将使孩子终身受益。良好的用餐卫生习惯是食品安全的重要保障，也是保证食物营养的基础。小学阶段是儿童良好用餐习惯养成的最佳时期，需要教师和学生家长共同认识到其重要性，并在日常的餐桌及课堂上反复言传身教，帮助儿童养成良好的用餐卫生习惯，学会正确的饮食礼仪。

（一）卫生礼仪好习惯

手是我们身体直接接触食物和餐具的部位，最容易传播病原体，导致疾病。因此，良好的用餐卫生习惯应该从正确洗手开始。

1. 餐前洗手

正确的洗手方法可以帮助清除手上的细菌、病毒等，有效预防疾病的传播，因此用餐前要先洗手。正确的洗手方法通常分为七步（即七步洗手法）：

（1）洗手掌。流水润湿双手，涂抹洗手液或肥皂，双手掌心对掌心，手指并拢相互揉搓；

（2）掌心对手背，手指交错相互揉搓，双手交替进行；

（3）掌心对掌心，手指交叉相互揉搓；

（4）双手互握，揉搓指背，双手交替进行；

（5）拇指在另一手掌中转动揉搓，双手交替进行；

（6）指尖并拢，在另一手掌中揉搓，双手交替进行；

（7）双手交替清洗手腕。

1 在流水下，将双手充分淋湿

2 将双手均匀涂抹洗手液（肥皂）搓出泡沫

3 认真揉搓双手，每个步骤至少**15秒**，具体揉搓步骤如下：

a. 掌心相对，手指并拢，相互揉搓。

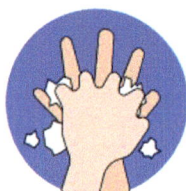

b. 手心对手背沿指缝相互揉搓，交换进行。

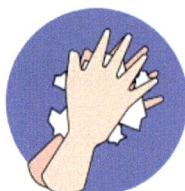

c. 掌心相对，双手交叉沿指缝相互揉搓。

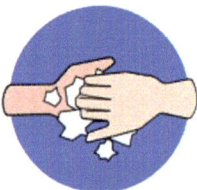

d. 双手指相扣，互搓。

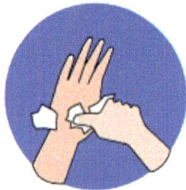

e. 一手握另一手大拇指旋转揉搓，交换进行。

f. 将五个手指尖并拢在另一手掌心旋转揉搓，交换进行。

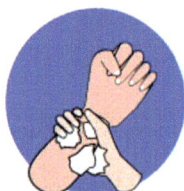

g. 螺旋式擦洗手腕，交替进行

4 在流水下彻底冲净双手

七步洗手法

另外还要注意,洗手后不要随意甩动,要用干净的毛巾或纸巾把手擦干。

2. 用餐卫生

用餐时,不要用筷子在菜肴中翻翻捡捡;不要大声说话,口内有食物时应避免说话;不要用手抠鼻子或抠耳朵;打喷嚏或咳嗽时不要朝向食物和人,要扭头朝向餐桌外侧,并用手肘或餐巾纸掩住口鼻。

3. 提倡"分餐制"

中国传统的"共餐制"或"合餐制"是所有人共用一套餐盘,从同一套菜品中夹取食物。"共餐制"是中国传统饮食文化的传承,让人感觉更加方便和温馨,但是交流感情的同时,病菌也会不知不觉通过筷子和唾液传递。另外,"共餐制"不利于把握摄入食物的量,对于喜欢的食物会不知不觉吃多,容易造成膳食不均衡。

而"分餐"更是历史悠久。中国是最早实行"分餐制"的国家,"席地而坐、分案而食"正是分餐制的生动写照。提倡采用"分餐制"或使用公勺公筷,按需取餐,每个人只吃自己餐具里那一份,分餐不分爱。这样,不仅可以避免疾病通过食物和餐具传播,还可以减少食物浪费,有利于把握摄入食物的种类和量,做到膳食均衡。

(二) 就餐礼仪

培养举止得体、文明礼貌的餐桌礼仪,将使孩子终身受益。中国是传统的礼仪之邦,礼仪是整个社会文明和社会秩序的基础。中国古代饮食礼制经过千百年的演进,形成大家普遍接受的一套礼仪规范。

1. 入席离席礼仪

首先遵守时间,保证按时参加。入席时,应敬老爱幼,等长者(长辈)、女士坐定坐好后再入座。离席时,注意先后顺序,等贵宾、主人离席后,其他宾客再离席;离席起身要轻稳,把座位放回原处,并帮助

隔座长者或女士拖拉座位。用餐中客人如确有急事需中途退席,要向主人说明原因,表示歉意,同时要向其他客人示意后再离席。

2. 座次礼仪

中国传统的座次礼仪经过长期的演化,有了许多不同的发展。不同地域、不同场合的座次礼仪也有所不同。家庭聚餐时,通常情况下,辈分最高或年龄最长者要坐在最里面、面向门口的位置,接下来可按辈分或年龄一左一右的排列,晚辈或请客者一般坐在靠近门口的位置。

3. 用餐礼仪

坐姿要端正,与餐桌保持适宜距离,双脚放在本人座位下,手肘不倚靠桌沿,手臂不放在邻座椅背上。客人入席后,不要立即动手取食,而应等待主人示意开始后再开始用餐。用餐时,要小口进食,不大声说话,保持适度交流。用餐时注意不能只顾自己,也要关心别人。

日常生活中,我们除了在家吃饭,多数时间是在学校就餐,无论是在家、在学校、还是在外就餐,都要注意就餐礼仪。学生在学校就餐时,首先要注意排队取餐,排队时不嬉笑打闹、大声喧哗。要做到按需取餐,不挑食,尽量保证食物的多样性。就餐时按顺序就坐,不抢坐,安静就餐,不喧哗吵闹。吃完后主动擦净桌面的散落食物,并将餐盘送至餐盘收集点。

(三) 不浪费食物

勤俭节约,珍惜食物是中华民族的传统美德。我国有一些诗词谚语就教育大家珍惜食物,避免浪费。比如,"锄禾日当午,汗滴禾下土,谁知盘中餐,粒粒皆辛苦";再比如,"一粥一饭,当思来处不易;半丝半缕,恒念物力维艰"等。

近年来倡导的"光盘行动",其宗旨就是餐厅不多点、食堂不多打、厨房不多做,倡导厉行节约,反对铺张浪费。习近平总书记一直高度重视粮食安全和提倡"厉行节约、反对浪费"的社会风尚,多次强调要制止餐饮浪费行为。2020年,习近平总书记再次作出重要指示,强调坚决制止餐饮浪费行为,切实培养节约习惯,在全社会营造浪费可耻、节约为荣的氛围;并针对部分学校存在食物浪费和学生节俭意识缺乏的问题,对切实加强引导和管理、培养学生勤俭节约良好美德等提出明确要求。2021年4月,国家正式颁布施行《中华人民共和国反食品浪费法》,使食品浪费不再仅是倡导和号召,而成为

固定的法律条文,形成遏制食品浪费的长效机制。

在外就餐时按需点菜,吃不完建议打包带走,吃自助餐时按需取菜,少量多次取餐。在家就餐要按需做饭,备餐点餐用餐保持适量。用餐尽量减少甚至不使用一次性筷子、塑料袋(盒)等,不乱扔垃圾,以保护环境。

三、课堂实践与拓展

1. 跟随父母参加一次聚餐,细心观察宾客在用餐过程中的得体与不得体行为。

2. 跟随老师,观察学校食堂剩饭、剩菜情况。

3. 以"文明就餐"或者"珍惜食物,从我做起"为主题,开展班级手抄报比赛。

四、扩展阅读

(一) 分餐相关标准指南

《餐饮分餐制服务指南》(GB/T 39002—2020)是国家标准化管理委员会发布的推荐性国家标准,于2020年6月21日正式实施。该标准对分餐制的定义、实施场景、要素要求、操作规范等做出明确规定,并且界定了分餐制标识样式。

《餐饮业分餐制设计实施指南》(DB 37/T 3881—2020)这一地方标准规定了餐饮业分餐制设计实施的基本要求、分餐制设计、分餐制实施及公共卫生突发事件应对要求等。宣传倡导"分餐位上""分餐公勺""分餐自取"等分餐模式。首倡家庭分餐,推动社会公众改变餐饮习惯。

世界粮食日
十月十六日

(二) 世界粮食日

1979年11月举行的第20届联合国粮农组织(Food and Agriculture Organization,FAO)大会决定:1981年10月16日为首次世界粮食日纪念日(World Food Day),此后世界各国政府每年在

10月16日围绕发展粮食和农业生产举行各种纪念活动。2019年是第39个世界粮食日,口号是"行动造就未来,健康饮食实现零饥饿"。

(三) 国内外食物浪费现状

联合国全球事务理事会2017年曾经公布了一组数据,引起各界关注并反思:全球每年浪费的食物价值都超过一万亿美元,其中最发达的欧美国家占总量的60%。与之形成强烈对比的是,地球上还有近10亿人处在饥饿中,超过25%的非洲人长期营养不良。FAO于2019年10月14日发布的《2019世界粮食及农业状况》最新数据表明,据估算,2018年全球仍有超过8.2亿的人口面临饥饿的威胁,全世界每9人就有1人没有足够食物。与此同时,全球每年的食物浪费量让人触目惊心,粮食浪费现状存在于收获、加工、储藏、运输、再储藏、消费等各个环节。

世界自然基金会(World Wildlife Fund, WWF)与中国科学院地理科学与资源研究所联合发布《2018中国城市餐饮食物浪费报告》指出,2015年我国城市餐饮业仅餐桌上食物浪费量在1 700万~1 800万吨,相当于3 000万~5 000万人一年的食物量。其中,家庭、餐饮业(大型餐馆、游客群体、公务聚餐)、食堂(中小学群体等)是餐饮食物浪费的"重灾区"。减少食物浪费需要政府、消费者、行业组织、餐饮行业等多部门主体的共同努力和行动。

在此,我们也呼吁大家,食物来之不易,是大自然的馈赠,请给每一粒粮食贡献它全部力量的机会。杜绝浪费,兴新食尚,从我做起。

二年级

第一课　蔬菜水果

一、教学目标和重点

认识蔬菜水果及其分类,认识蔬菜水果的营养特点,学会在日常生活中如何吃蔬菜水果。

二、教学内容

(一) 认识蔬菜和水果

蔬菜和水果是合理膳食的重要组成部分。

不同种类的蔬菜食用部位不同。如菠菜、芹菜、莜麦菜、生菜等,食用的是植物的叶子;土豆、胡萝卜、红薯等,食用的是植物的根茎;而西红柿、茄子、西葫芦等,食用的是植物的果实。

菠菜

芹菜

土豆

胡萝卜

西红柿

茄子

　　水果的品种十分丰富,形态也多种多样,大部分可以直接生吃。我们日常食用的水果大部分长在树上,如苹果、香蕉、猕猴桃、芒果、樱桃等,也有一些水果生长在地面上,如西瓜、草莓等。

苹果

芒果

西瓜

草莓

（二）蔬菜水果的分类和营养特点

1. 蔬菜

蔬菜根据食用部位可以分为叶菜类、根茎类、瓜茄类、鲜豆类和菌藻类等。叶菜类包括白菜、菠菜、芹菜等；根茎类包括常见的土豆、胡萝卜、芋头、红薯等；瓜茄类包括西红柿、茄子、南瓜、黄瓜等；鲜豆类包括四季豆、豌豆、毛豆、豇豆等；菌藻类包括香菇、金针菇、木耳、海带等。

蔬菜是多种维生素、矿物质和膳食纤维的主要来源。蔬菜中维生素的含量与其新鲜程度和颜色有关，一般新鲜的、嫩的蔬菜比枯老的、腌制过的蔬菜维生素含量高，叶部的含量比根茎部高。深绿色蔬菜（如菠菜、油菜）、橙红色蔬菜（如胡萝卜、西红柿、南瓜）、紫色蔬菜（如紫甘蓝、红苋菜）这些深色蔬菜中胡萝卜素含量比浅色蔬菜更高。

蔬菜不仅提供多种营养物质，而且能帮助消化、促进粪便的排出，可预防便秘。保证蔬菜的充足摄入，可以维持身体健康，降低慢性疾病的发生风险。由于蔬菜提供的能量低，对于保持健康体重、预防肥胖也具有积极意义。

叶菜类

根茎类

瓜茄类

鲜豆类

菌藻类

深色蔬菜

2. 水果

水果根据形态可以分为仁果类、浆果类、柑橘类、瓜果类和核果类等。仁果类包括苹果、梨等；浆果类包括葡萄、蓝莓、草莓、树莓等；柑橘类包括橙子、橘子等；瓜果类包括西瓜、哈密瓜等；核果类包括桃子、李子、枣等。

浆果类

仁果类

柑橘类

瓜果类

核果类

新鲜的水果含水量充足,味道鲜美,营养价值和新鲜蔬菜相似,是人体矿物质、维生素和膳食纤维的重要来源之一。新鲜水果富含维生素 C 和胡萝卜素等维生素。其中枣类、柑橘类和浆果类中的维生素 C 含量较多;红色和黄色的水果,如芒果、柑橘、杏等胡萝卜素含量较多。与新鲜蔬菜一样,水果中也含有丰富的膳食纤维,能够促进肠道的蠕动,有利于肠道健康。此外,水果中包含的植物化学物还对于促进健康、预防慢性疾病具有重要意义。

(三) 做到餐餐有蔬菜、天天吃水果

1. 餐餐有蔬菜

餐餐有蔬菜,不但要保证一定的种类数目,还要保证一定的质量。由于不同种类的蔬菜营养价值相差很大,要选择不同种类、不同颜色蔬菜进行合理搭配,每天保证三种以上的蔬菜,且在一餐的食物中,蔬菜重量约占 1/2,这样才能做到食物多样,达到健康膳食的目的。

在选择蔬菜时,还要注意深色蔬菜要占到所有蔬菜的一半。深色蔬菜就是指颜色比较深的蔬菜,如菠菜(深绿色)、西红柿(红色)、胡萝卜(橘色)、紫甘蓝(紫色),富含类胡萝卜素,对人体有很多益处,应该多摄入。

一定要选择新鲜、当季的蔬菜,不宜放置时间过长。叶类蔬菜不能发蔫儿,瓜果茄类等表面要光亮、色彩鲜艳,发芽的土豆不能吃。烹调蔬菜时要先洗后切。清洗时要用洁净的水,可以先浸泡,后冲洗。应采用急火快炒,尽量减少受热后营养物质的损失。

2. 天天吃水果

新鲜水果含糖较多,因此具有甜的口感,可以增加进食的愉悦感,同时也是一日三餐不可或缺的食物之一。建议每人每天至少要吃1~2种新鲜水果,比如一天一个苹果、一个橘子,可以作为三餐之间的零食食用。同时将水果放在容易看到或者方便拿到的地方,这样可以随时吃到。

选择水果时,要尽量选择新鲜的、应季的时令水果,最大限度地保持其营养价值和风味。在吃之前要洗净,可以先浸泡,后冲洗。一年中,夏天和秋天是水果品种最丰富的季节。应挑选新鲜的当季时令水果,做到品种多样。

由于新鲜水果一般难以长期保存,运输、携带比较麻烦,为此出现了各种水果加工制品,常见的有果汁、果脯、水果罐头等。

果汁在加工的过程中会使水果中的营养成分如维生素C、膳食纤维等有一定的损失,为了增加口感还会加入糖或去除膳食纤维,这样不但造成营养损失,还会限制儿童的咀嚼功能。因此,果汁的营养价值不能等同于水果,更不能代替水果。

果脯是将新鲜水果糖渍而成,维生素损失较多,而含糖量较高。

建议尽量吃新鲜水果,少食用果汁和果脯。

（四）蔬菜和水果都要吃，不能互相替代

蔬菜和水果在营养成分方面有很多相似之处，但是也各有特点。蔬菜的品种多，深色蔬菜所含的维生素、膳食纤维高于水果。水果可以不用加热直接食用，营养成分不会因为加热而损失。因此，蔬菜和水果都要吃，二者不能互相替代。

三、课堂实践与拓展

将学生分成小组，回忆并记录下自己昨天分别吃了哪些蔬菜和水果？最后由老师带领大家总结并评价。

四、扩展阅读

维生素 C 的神奇作用

维生素 C 主要来自新鲜的蔬菜和水果中，它是一种生物活性很强的物质，在人体内具有多种生理功能，包括抗氧化、抗衰老、帮助治疗缺铁性贫血等。但是维生素 C 的这些作用是怎么被人们发现的呢？

在 18 世纪，坏血病在远洋航行的水手中非常普遍，坏血病的主要症状是四肢无力，食欲减退，烦躁不安，做任何工作都易疲惫，皮肤易红肿和牙龈肿胀、出血等。病人会觉得肌肉疼痛，精神抑郁。最后是严重疲惫、腹泻、呼吸困难，骨折，肝肾衰竭而致死亡，人们却找不到出现这些症状的原因。后来有一位印第安人教水手们饮用一种树叶泡的茶，不久之后那些患坏血病的人症状都开始好转。

原来在这种树的叶子里含有大量的维生素 C。早年的航海人员在航行时远离陆地，食物以面饼、鱼和咸肉为主，缺乏新鲜水果和蔬菜的摄入，造成了维生素 C 缺乏引起的坏血病。

第二课　多吃大豆及其制品

一、教学目标和重点

指导学生认识大豆的种类，知道常见的豆制品有哪些，了解大豆及其制品的营养价值，掌握每天豆制品的食用量和食用方法，培养学生对大豆及其制品的喜爱。

二、教学内容

（一）大豆的种类

大豆包括黄豆、黑豆和青豆，其中以黄豆最常见。而绿豆、红豆、豌豆、蚕豆和芸豆等是杂豆，营养特点与谷类比较接近。

大豆植株

大豆

黑豆

青豆

(二) 常见的大豆及其制品

大豆制品有上百种，多数是以黄豆为主要原料，经过加工制成的食品。常见的豆制品有豆浆、豆腐、豆腐脑、豆腐皮、豆腐干、豆腐丝、腐竹等，这些豆制品为非发酵豆制品。此外，还有一些发酵豆制品如腐乳、豆豉等，通常作为调味品使用。

将黄豆用水泡涨后磨碎，将豆渣分离，得到生豆浆，生豆浆煮沸便制成豆浆，豆浆营养丰富，且易于消化吸收。煮好的豆浆进行点卤加以凝固，变成豆腐花。将豆腐花舀入豆腐布中裹好，用石板压实，就制成了豆腐，豆腐与黄豆相比更容易吸收。豆浆加热时表层会产生一层皮膜，捞出并使之慢慢干燥，就可制成豆腐皮。腐竹的制作方法与豆腐皮类似。

将黄豆用水浸泡，可以发芽生成黄豆芽。黄豆制成豆芽后，蛋白质有所减少，但维生素 C 的含量会增加。因此当新鲜蔬菜缺乏时，可以将黄豆制成豆芽，作为维生素 C 的良好来源。

豆浆

豆花

豆腐

豆腐皮

豆芽

(三) 大豆及其制品的营养价值

大豆富含蛋白质，为 22%~37%，并且属于优质蛋白质，是最具营养的植物蛋白质。同时，大豆富含谷类蛋白缺乏的赖氨酸，可以起到与谷类蛋白质互补的作用。因此，在动物性食物摄入不足的情况下，大豆可以作为优质蛋白质的良好来源,素有"植物肉"的美誉。相对动物蛋白质,大豆蛋白质吸收利用率低,但是制成豆制品后消化吸收率会提高很多。

大豆中的脂肪含量为15%~20%,并且以不饱和脂肪酸为主,容易被人体消化吸收,而且大豆脂肪具有调节血脂、预防心脑血管疾病的作用。因此黄豆可以压榨加工成大豆油,营养价值高,是最常用的烹调油之一。

大豆中碳水化合物含量为30%~37%,其中近一半为膳食纤维,具有调节血脂,改善血糖和大肠功能的作用。但是,有些膳食纤维会在肠道细菌作用下发酵产生气体,可引起腹胀或"排气"的情况发生。因此,少吃整颗黄豆,食用加工豆制品可以减轻腹胀等症状的发生。

大豆含有丰富的维生素和矿物质,如B族维生素、钙、钾,食用大豆、豆浆、豆豉等还具有预防心血管疾病及骨质疏松的作用。

(四)豆制品的摄入量及注意事项

《中国居民膳食指南(2016)》推荐每天吃大豆及其制品和坚果25~35g。我们可以选择多种多样的豆制品,如豆腐、豆浆、腐竹等。每天吃25g大豆,按照蛋白质含量折算成不同的豆制品,大约相当于365g豆浆、140g南豆腐、72.5g北豆腐、52.5g素鸡、40g豆腐丝、175g内酯豆腐、55g豆腐干。

大豆虽然营养价值高,但不能生吃,因为生大豆中含有一些抗营养因子,生吃会出现恶心、呕吐、腹胀和腹泻等胃肠症状,大豆煮熟后,这些不利因子都被破坏了。喝生豆浆或未煮开的豆浆可能会中毒,所以生豆浆需要先用大火煮沸,再改用文火煮5分钟左右,将有害物质彻底破坏后才能饮用。

三、课堂实践与拓展

豆芽的萌发

实验材料:新鲜的生黄豆种子、纱布、盘子。

实验步骤：

1. 浸泡　取几十粒新鲜的黄豆种子,浸泡 12 小时,保证豆子充分吸水膨胀,但不应皱皮。

2. 播种　将吸水后的黄豆种子放在盘子里,用湿润的纱布将其覆盖。然后将其放置在温暖避光的地方,一般以 20~25℃为宜。

3. 后期管理　每天向盘子中加入适量的水,保持生长环境的湿润,不要加水过多,否则种子会腐烂。

教师讲解:氧气、温度和湿度是种子发芽的三个必不可少的条件。黄豆是种子,当这些条件不具备的时候,它会处在休眠期。当泡水的时候,且有合适的温度和湿度,充沛的氧气,那么黄豆就会发芽。

四、扩展阅读

(一) 大豆和杂豆的区别

大豆包括黄豆、黑豆和青豆;杂豆包括绿豆、红豆、豌豆、蚕豆和芸豆等。大豆与杂豆都叫"豆",但营养特点相差较大,大豆含有丰富的优质蛋白质,脂肪含量也较高;杂豆则含有大量的淀粉和少量的脂肪,蛋白质含量比大豆低很多,且不是优质蛋白、营养特点类的谷类。

表 2-2-1　每 100g 大豆和杂豆所含的能量和主要营养素

	黄豆	黑豆	绿豆	红豆
能量 /kcal	390	401	329	324
蛋白质 /g	35.0	36.0	21.6	20.2
脂肪 /g	16.0	15.9	0.8	0.6
碳水化合物 /g	34.2	33.6	62.0	63.4
钙 /mg	191.0	224.0	81.0	74

参考资料:中国疾病预防控制中心营养与食品安全所 . 中国食物成分表 .2 版 . 北京:北京大学医学出版社,2009.

(二) 大豆及豆制品的摄入现况

中国是大豆的故乡,栽培大豆已有五千年的历史,同时也是最早研发生产豆制品的国家。几千年来,中国古代劳动人民利用各种豆类创制了许多影响深远、广为流传的豆制品,如豆腐、豆腐丝、腐乳、豆浆、豆豉、酱油、豆筋、素鸡等。但我国居民大豆及豆制品摄入量普遍较低,2010—2013 年中国居民营养与健康状况监测显示,我国城乡居民平均每天大豆及其制品摄入量为 10.9g,城市为 12.4g,农村为 9.4g,与 2002 年相比有所下降,并且远达不到《中国居民膳食指南(2016)》提出的 25~35g 推荐摄入量。同时,有 17.4% 的成人和 24.8% 的学龄儿童不能达到每天 1 次及以上的豆制品摄入,且摄入频率呈现从大城市、中小城市、普通农村到贫困农村依次降低的趋势。儿童要有意识地增加豆制品的摄入,每天摄入一定量的大豆及其制品。

(三)豆浆和牛奶能互相代替吗

豆浆和牛奶是不同种类的食物,其营养特点有所不同。豆浆中蛋白质含量与牛奶相当,易于消化吸收,其饱和脂肪酸、碳水化合物含量低于牛奶,且含有丰富的植物甾醇,适合老年人及心血管疾病患者饮用。但豆浆中钙的含量远低于牛奶,100g 豆浆的钙含量只有 5mg,而 100g 奶的钙含量可达到 80mg 以上,是豆浆钙含量的 16 倍,同时豆浆中锌、硒、维生素 A、维生素 B_2 含量也比牛奶低。豆浆和牛奶在营养上各有特点,两者不能互相替代。

第三课　营养充足的早餐

一、教学目标和重点

指导学生了解不吃早餐的危害，认识吃早餐的重要性；掌握什么是营养充足的早餐；培养学生养成天天吃早餐的习惯。

二、教学内容

（一）为什么要每天吃早餐

早餐提供的能量和营养素在全天能量和营养素摄入中占有重要地位。不吃早餐或早餐营养不足是引起学龄儿童能量和营养素摄入不足的主要原因之一。每天吃营养充足的早餐不仅可以满足机体对能量和营养素的需求，而且还是学龄儿童每日学习和生活的重要保障。按时吃早餐、保持良好的生活习惯，对儿童的健康成长也具有重要意义，是学龄儿童健康成长的必要条件。

不吃早餐或者早餐营养不充足，会对儿童身体健康和学习能力造成很多危害：

儿童长期不吃早餐会引起能量和营养素摄入不足，容易导致儿童营养不良，影响生长发育；并且容易引起胃炎、胃溃疡、胆结石、胆囊炎、便秘等疾病的发生。

另外，不吃早餐或者早餐营养不充足容易产生饥饿感，有可能导致午餐的过量摄入，造成多余能量在人体内储存，从而增加超重肥胖的风险；还可能与多种慢性代谢性疾病的发生相关。

更为重要的是，不吃早餐或者早餐营养不充足还会影响儿童认知功能的正常发挥。许多研究发现，吃早餐的学龄儿童在注意力、执行能力、创造力及记忆

力等方面的测试成绩都高于不吃早餐者。

因此,学龄儿童要养成每天吃早餐的习惯,同时要学会搭配营养充足的早餐。

(二) 什么是营养充足的早餐

营养充足的早餐从食物的总量上应该为学龄儿童提供全天总能量的 25%~30%。一份营养充足的早餐应包含谷薯类、肉蛋类、奶豆类和蔬菜水果类中的至少三类食物,选择早餐的时候可以根据个人喜好和地方饮食特点搭配出营养丰富又可口的早餐。

谷薯类:谷类及薯类食物,如米饭、面条、馒头、花卷、面包、红薯、米线等。

肉蛋类:鱼禽肉蛋类食物,如煮鸡蛋、牛肉、鸡肉等。

奶豆类:奶及其制品、豆类及其制品,如牛奶、酸奶、豆浆、豆腐脑等。

蔬果类:新鲜蔬菜水果,如西红柿、黄瓜、苹果、香蕉、梨等。

例如早餐可以吃芹菜牛肉包子再搭配 1 个鸡蛋、1 杯豆浆,这样的一份早餐就包含了谷类、肉蛋类、大豆类以及蔬菜类 4 类食物;吃鸡蛋生菜三明治的时候,可以再搭配 1 杯牛奶、1 个香蕉,同样也是一份营养充足美味的早餐。

(三) 吃早餐要注意什么

早餐的时间应规律,一般情况下,早餐应安排在早上 6:30—8:30,用餐时间不宜过长也不宜过短,一般为 15~20 分钟。即使在周末,早餐也不宜太晚吃。

早餐也要定量,不能一次吃得太多或者太少,早餐的食物量应占全天食物量的 1/4~1/3,也就是说早餐的食物量要与午餐或者晚餐基本相当,或略微低一些;另外,吃饭时要细嚼慢咽,保持心情愉悦。

早餐要少吃高脂肪食物,如炸鸡腿、油条、油饼等油炸食物;少吃腌制蔬菜、咸菜、榨菜、酱菜等高盐食物;不要用乳饮料代替牛奶。

早餐不要边走边吃或边跑边吃,不要吃路边

摊等不干净的食物,也不要把饼干、巧克力等零食当作早餐。

三、课堂实践与拓展

问一问:今天大家都吃早餐了吗？吃了的同学请举手,你的早餐都吃了哪些食物?

评一评:评一下谁的早餐是营养充足的早餐?

拓展活动:根据所学知识,画一份健康早餐,与家人分享自己心目中理想早餐的模样,并且在周末和家人一起制作一份营养充足的早餐。

四、扩展阅读

(一) 我国儿童早餐状况

目前,我国学龄儿童普遍存在偏食、挑食及不吃早餐等多种不合理饮食行为。2010—2012 年中国居民营养与健康状况监测显示:13.9% 的 6~17 岁学龄儿童不能保证每天吃早餐,且早餐质量有待提高。我国学龄儿童的早餐质量呈下降趋势,如在广州、上海、济南和哈尔滨开展的调查显示,中小学生早餐营养质量差的比例从 1998 年的 48% 上升到 2008 年的 78%。

2010—2012 年中国居民营养与健康状况监测显示:我国 6~17 岁学龄儿童在外就餐日益普遍,过去一周在外就餐的比例达到 61.7%,随年龄增长在外就餐比例逐渐增高,6~8 岁、9~11 岁、12~14 岁、15~17 岁儿童在外就餐率分别为 52.6%、54.7%、65.1%、73.9%。城市儿童曾在外就餐的比例(64.1%)高于农村(59.0%);大城市最高(70.1%)。其中,6~17 岁儿童早餐在餐馆就餐的比例为 13.2%,男生比例(13.7%)略高于女生(12.7%)。城市儿童在餐馆吃早餐的比例(17.3%)高于农村儿童(8.5%),且大城市儿童在餐馆吃早餐的比例最高,普通农村该比例最低。

(二) 早餐与儿童肥胖及认知能力的关系

不吃早餐或早餐食物种类单一,会影响学龄儿童的认知能力,增加患超重、肥胖及相关慢性病的风险。一项调查研究显示,进食早餐有助于降低儿童超重肥胖的发生风险。

早餐所提供的能量和营养素不仅能满足体格发育的需要,也具有维持大脑认知能力的作用。吃早餐有利于儿童学习能力的正常发挥,在注意力、执行能力、创造力及记忆力等方面的测试成绩都高于不吃早餐者。研究证实,营养充足的早餐与血糖水平稳定呈正相关;而不吃早餐或早餐营养不充足会影响人体血糖水平,从而影响认知能力。

长期不吃早餐的儿童其创造力、数学运算、逻辑推理能力及运动耐力都可能有所下降。有报道称早餐营养充足的儿童明显比不吃早餐和早餐质量不好的学生精力充沛,思考问题积极,文化课不及格的比例也明显较低。

(三) 在外吃早餐需注意的问题

由于种种原因,不少家长来不及在家里制作营养充足的早餐,很多家长和学生便会选择在学校或者餐馆吃,或在路边摊买。购买外面售卖的早餐方便快捷,但是,这些早餐可能存在一定的健康隐患。

煎饼果子中的面饼含多种谷类食物,里面的鸡蛋属于肉蛋类食物,丰富了煎饼果子的营养。但里面加的薄脆或油条,是油炸食品,能量也较高,经常吃会对身体产生不良影响。

鸡蛋灌饼中的面饼是谷类食物,里面的鸡蛋含丰富的蛋白质,有的搭配一定的蔬菜,其营养搭配相对合理。但是里面加的香肠、里脊肉等属于加工肉类制品,长期食用会对身体产生不良影响。此外,鸡蛋灌饼中加的榨菜含盐高,会导致盐的摄入量过多,对健康造成危害。

米粉、米线等食用方便,是不错的早餐选择,但是主要是谷薯类食物、种类单一,要注意搭配蔬菜、鸡蛋或肉末等食用,既能保证营养全面,又使得食物更美味。

如果把上面的这些食物作为早餐,记得不仅要搭配一些蔬菜或者水果,也要搭配一杯豆浆或牛奶。

第四课　正确选择零食

一、教学目标和重点

指导学生了解零食的定义及其种类，掌握哪些食物是健康零食，以及食用零食的注意事项。

二、教学内容

(一) 什么是零食

通常把在一日三餐外吃的所有食物称为零食，也包括饮料，但不包括饮用水。在一日三餐外的合适时间适当吃一些食物作为补充对健康有益。但是需要注意的是，零食不是独立的一种食物类别，不是必须要吃的，更不能用零食代替正餐。

(二) 选择健康的零食

谷薯类如全麦面包、煮玉米、蒸红薯等，奶和大豆及其制品如牛奶、酸奶、豆浆、豆干等，新鲜水果如苹果、梨、柑橘等，还有可以生吃的蔬菜如西红柿、黄瓜等，以及坚果如花生、瓜子、核桃等，都可作为零食的选择。建议选择正餐中摄入不足的食物作为零食，如奶及奶制品、水果、坚果。

不健康的零食主要是指营养素含量低，而糖、

盐、脂肪的含量较高的食物,包括各类糖果、蜜饯、水果罐头、含糖饮料、油炸类食物、膨化食品等。这些食物多为包装食品,长期食用对健康不利,学龄儿童不宜选择这些食物作为零食。

很多中小学生喜欢吃的辣条是一种不健康的食物。此类食物维生素、矿物质、营养素含量比较低;除了糖、盐、油脂的含量高外,还含有各种食品添加剂等,经常吃会对健康造成一定危害。

(三) 吃零食的注意事项

学龄儿童吃零食的时间要适宜。一般可以在两餐之间吃少量的零食,且要与正餐间隔 1.5~2 小时,否则会影响正餐。睡前 1 小时内不应吃零食,因为此时吃东西会增加胃肠道的负担,影响睡眠。如果睡前吃了零食,一定要及时刷牙,以预防龋齿的发生。

吃零食的量也很重要,不能把零食当正餐。吃的零食量以不影响一日三餐中食物的摄入为准,也不要因为吃零食造成全天能量摄入超标。

此外,不要边看电视等边吃零食,或者边玩边吃零食。边看视频边吃零食可能会在不知不觉中吃进过多的零食,导致能量摄入过多,长此以往会增加超重与肥胖的发生风险。边玩边吃零食,很容易导致食物误入气管,还可能因手上或物品上带有细菌而产生卫生隐患。

另外,作为零食,果汁不能代替水果;含乳饮料不是奶,不能代替液体奶;乳糖不耐受的儿童可选择酸奶或低乳糖奶。

三、课堂实践与拓展

1. 以下是有些同学吃零食的行为。请你评一评,在你认为是健康的行为后面画一个"√",在不健康的行为后面画一个"×"。

零食的行为	这个行为好不好？
边看电视边吃爆米花	
饭后 2 小时喝牛奶	
放学后吃学校旁边摊贩的"三无"食品	
两餐之间吃苹果、橘子、葡萄等水果	
白天不喝水只喝碳酸饮料	
晚上躺在床上吃零食	
下午吃西红柿、小黄瓜等	

2. 零食分分类。请在"健康零食"的框中画一样你认为是健康的零食，在"不健康零食"的方框中画一样你认为是不健康的零食。

健康零食	不健康零食

四、扩展阅读

中国儿童零食指南介绍

2018 年中国疾病预防控制中心营养与健康所和中国营养学会共同发布了《中国儿童青少年零食指南(2018)》。该指南共分三册，分别是 2~5 岁学龄前儿童、6~12岁学龄儿童和13~17岁青少年分册。该指南的核心内容为：①正餐为主，早餐合理，零食少量；②课间适量加餐，优选水果、奶类和坚果；③少吃高盐、高糖、高脂肪零食；④不喝或少喝含糖饮料；⑤零食新鲜、营养卫生；⑥保持口腔清洁，睡前不吃零食。

《中国儿童青少年零食指南（2018）》依据是否有利于健康，将零食分为三类，以绿色、黄色和红色表示三个推荐级：①可经常食用（绿色）：每天都可以适当吃一点。这些食物营养较为丰富，一般属于低脂、低盐、低糖类。该类零食有：牛奶、酸奶、豆浆、水煮蛋等奶豆和蛋类；煮玉米、全麦面包、红薯、土豆等谷薯类；苹果、梨、柑橘等各类水果，以及西红柿、黄瓜等可生吃的蔬菜；花生、瓜子、核桃等坚果。学龄儿童在选择零食时可首选该类食物。这类零食有益健康，每天只要不过多摄入而影响正餐就可以。②适当食用（黄色）：指每周可以食用2~3次。这些食物营养素含量相对丰富，但是含有一定的脂肪、添加糖或盐等。如奶酪、巧克力、水果干等。③限制食用（红色）：每周食用1次或者更少。这类食物的营养素含量低，而糖、盐、脂肪的含量高，如糖果类、油炸类、薯片、含糖饮料、罐头水果、蜜饯，以及其他添加各种食品添加剂的食物等。学龄儿童尽量不选红色的限制食用的食物作为零食，如果要吃的话每周最多吃1次。

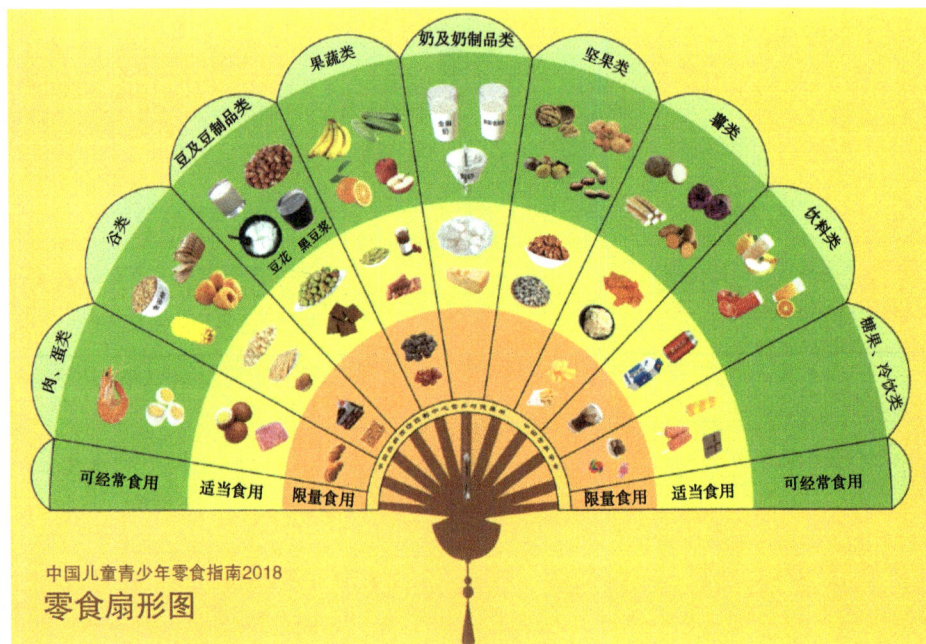

中国儿童青少年零食指南2018
零食扇形图

参考资料：中国疾病预防控制中心营养与健康所，中国营养学会.中国儿童青少年零食指南(2018).北京：人民卫生出版社，2018.

第五课 食物多样

一、教学目标和重点

指导学生了解食物多样的含义及其对身体健康的意义，掌握食物多样的基本要求，并逐步养成在日常就餐时主动选择多种食物的好习惯。

二、教学内容

(一) 为什么食物要多样

人体需要的多种的营养物质都需要通过食物获得，不同种类食物的营养特点不同，所以食物多样才能满足身体对营养的需求。每天吃种类丰富的食物，不仅能为身体提供丰富的营养物质，也能增加儿童进餐时的快乐，提高他们的生活幸福感。从小培养学龄儿童对各种食物的口味与性状的接受和喜爱，能够减少挑食、偏食等不良饮食习惯，还能减少对食物的浪费。

(二) 食物多样化的目标

食物多样是指每天吃的食物类别和品种要丰富。一方面食物的类别要全面，每天要包含谷薯类、蔬菜水果类、畜禽鱼蛋类、奶豆坚果等各类食物；另一方面品种也要尽量丰富，如谷薯类的大米、面粉、小米等就是不同的品种。

建议平均每天摄入 12 种以上的食物，每周要达到 25 种以上(烹调油和调味品不计算在内)。按照一日三餐食物品种数的分配，早餐至少摄入 4~5 个品种，午餐摄入 5~6 个品种，晚餐摄入 4~5 个品种。

表 2-5-1　建议摄入的主要食物种类数

食物分类	食物举例	平均每天种类数	每周至少种类数
谷薯(杂豆)类	米饭、面条、馒头、面包、八宝粥	3	5
蔬菜水果类			
蔬菜		3	7
叶菜	白菜、菠菜、芹菜、苋菜		
茄果类	西红柿、长茄子、圆茄子、辣椒		
根菜	青萝卜、胡萝卜、甘薯、芜菁		
豆类	扁豆、豇豆、蚕豆、白不老		
瓜类	黄瓜、冬瓜、丝瓜、西葫芦		
芽菜	黄豆芽、绿豆芽、香椿芽、豌豆尖		
水生菜	莲藕、茭白、菱角、荸荠		
水果	苹果、橘子、梨、葡萄、西瓜	1	3
畜、禽、鱼、蛋类	猪肉、牛肉、鸡肉、鱼肉 鸡蛋、鹌鹑蛋、鸭蛋	3	5
奶、大豆、坚果类	鲜奶、酸奶、奶酪、大豆、花生、杏仁、松子等	2	5
合计		12	25

（三）食物多样并不难

1. 选择多种多样的食物

学龄儿童主要就餐场所是学校和家,因此学校和家长要为学龄儿童提供品种丰富的食物,从而保证学龄儿童从多种食物中获得丰富、全面的营养。同时,也要教育他们认识食物多样对健康的意义,并培养日常饮食中主动吃各种食物的好习惯。

2. 同类食物互换

在日常饮食中,在同类食物中进行不同品种食物的互换是增加食物多样性很好的方法。例如:作为主食的谷薯类食物,可以选择不同的品种,如

米饭、馒头、小米粥、玉米粥等换着吃；瘦肉中的猪肉、鸡、鸭、牛、羊肉可以交替食用；鱼与虾、蟹、贝壳类互换；以及各类蔬菜和水果交替食用等。

食物经常互换不仅能满足儿童生长发育对多种营养物质的需求，儿童也会因每天可以享受不同色、香、味的食物而感到快乐和幸福。所以家长或者学校等供餐单位要为学龄儿童提供品种丰富的食物，不能按照喜好重复提供某样食物，或总是固定提供几种食物。

表2-5-2　7~10岁儿童每日食物互换举例

食物类别	可互换的食物品种			
	A	B	C	D
谷类	米饭	馒头	米粥	—
薯类	红薯	土豆	山药	—
蔬菜类	油菜	西红柿	蒜苗	菜花
水果类	苹果	葡萄	柑橘	西瓜
畜肉类	瘦猪肉	牛肉	鸡肉	羊肉
水产品	带鱼	鲈鱼	鲫鱼	虾
蛋类	鸡蛋	鹌鹑蛋	鸭蛋	
奶及奶制品	鲜牛奶	酸奶	—	—
大豆	黄豆	豆腐干	腐竹	豆浆

注：此处可互换食物仅是举例，同类食物中还有很多其他不同品种的食物可以互换。

3. 选择小份量

我们每天吃的食物总量是大体不变的，所以吃"小份"食物是实现食物多样的一种非常有效的方法。在日常饮食中，学龄儿童可以有意识的选择小份量的菜；另一方面，家长或学校食堂等供餐单位也可以为学龄儿童提供小份量的菜品，这样既能吃到更多种类的食物，又能保证摄入的食物不超量。

4. 食物巧妙搭配

不同种类食物的巧妙搭配，不仅能增加学龄儿童摄入食物的多样

化,满足身体的营养需求,而且可以提高食物的营养价值、改善食物的口感。日常生活中食物的搭配主要指粗细搭配、荤素搭配和色彩搭配。

粗细搭配就是吃米、面主食时,要适量增加全谷物和杂豆类食物。例如煮米饭时在大米中加入糙米、燕麦、小米等谷类,或者是绿豆、花豆等杂豆,或是红薯、土豆等薯类,这样可以使主食营养更丰富。

荤素搭配是指将鱼、禽、肉、蛋等动物性食物和蔬菜、瓜果等植物性食物搭配进行烹饪,这样既可以改善菜肴的色香味,也能提供多种营养成分。日常较为常见的芹菜炒肉丝、韭菜炒鸡蛋就是荤素搭配的菜。

色彩搭配就是将不同色彩的食物搭配烹饪,这样不仅能通过视觉来提高食欲,而且因色彩不同的植物含有的营养物质也不同,这样可以获得不同的营养物质。色彩搭配的菜肴中最常见的就是大拌菜。大拌菜中有红色的、黄色的菜椒、红色的西红柿、紫色的甘蓝、绿色的黄瓜和生菜等,再配上炒熟的花生米,不仅颜色丰富,而且营养物质多样。

5. 营造食物多样好氛围

学龄儿童的学习能力强,因此学龄期是培养良好生活习惯的关键时期。在学校,可以通过同伴之间的影响来鼓励学龄儿童尝试自己不喜欢、不经常吃的食物,也可以通过老师的陪餐来鼓励他们吃不同的食物。在家庭中,父母或监护人应要以身作则,并可以通过鼓励孩子参与食物采购和制备,来激发儿童对食物的兴趣,培养儿童食物多样、不偏食、不挑食的良好饮食习惯。

三、课堂实践与拓展

请回忆一下你昨天一天所吃的食物情况,在下面这张表中将每顿吃的食物图贴到相应的餐次名称的框中,在"种类数"栏填上数量。食物包括三餐及零食所吃的全部食物。

昨天我都吃了啥?	种类数
早餐	□□种
午餐	□□种
晚餐	□□种
零食	□□种
昨天我吃的食物一共有□□种,是否达到了12种?	

四、扩展阅读

1. 我国常见的具有食物多样性的主食介绍

(1) 饺子

饺子也称为水饺,是深受我国人民喜爱的传统特色食品。因为取"更岁交子"之意,每逢新春佳节,饺子便成为一种必不可少的佳肴。在北方,到了大年三十的晚上,最重要的活动就是全家老少一起包饺子,这不仅是为了享受美味的饺子,也是家人团聚共享亲情的美好时光。

饺子多用面皮包馅而成。饺子外面的皮大都由面粉制成,也可用米粉制作。常见的饺子馅大都是荤素搭配,肉类可以是猪肉、牛肉、虾仁等,再加上各类蔬菜,如大白菜、茴香、韭菜、芹菜、荠菜等叶菜,或者胡萝卜、莲藕等块茎和根类蔬菜,或加上豆干、腐竹等豆制品,或鸡蛋等。这样一个小小的饺子里不仅有米、面主食,还有荤素搭配的各类食材,轻松实现食物多样化。

（2）八宝粥

八宝粥又名腊八粥，也是我国的一种传统节日食品，是一种在腊八节用多种食材熬制的粥。每年的腊月初八，很多地方都有喝"腊八粥"的习惯。

"八宝粥"的原意是指用八种不同的原料熬成粥。但如今八宝粥中的食材已不止八种，其一般以粳米、糯米或黑糯米为主料，再添加一些小米、薏米、绿豆、赤豆、红枣、花生、莲子、桂圆、百合、枸杞等辅料熬成粥。八宝粥不仅色泽鲜艳、质软香甜，而且因其中添加的各种辅料而弥补了米类中营养物质单一的不足，是营养物质互补的典型应用。

2. 我国常见的具有食物多样性的菜肴介绍

（1）宫保鸡丁

宫保鸡丁选用鸡肉为主料，佐以花生米、黄瓜、辣椒、胡萝卜等辅料一起烹制而成。肉质滑脆、香辣味浓。这一道菜品因包含了肉、坚果、蔬菜等多种食物，所以其所含的营养物质就比较丰富。

（2）鱼香肉丝

鱼香肉丝也是一道传统名菜，因其用泡椒、葱、姜、蒜、糖、盐、酱油等调味品调制成具有鱼肉的香味而得名。这道菜的主料为猪肉、黑木耳、竹笋，还可以加上胡萝卜等辅料。鱼香肉丝中的肉丝质地鲜嫩，木耳滑润，竹笋清爽，味道具有咸甜酸辣兼备的特点。

这道菜也是荤素搭配的典型，不仅有富含蛋白质的猪肉，还有竹笋、木耳、胡萝卜等菜和菌藻类。这样一道菜就能摄入多种食材。

第六课　吃新鲜和卫生的食物

一、教学目标和重点

指导学生了解腐败变质食物的危害,生活中掌握辨别腐败变质食物、选择新鲜卫生食物的技能,树立基本的食品安全意识。

二、教学内容

饮食卫生是保证营养健康的基础。日常生活中,由于各种原因,食物会被细菌、真菌、寄生虫等污染,也会存在重金属、农药兽药残留超标等问题,一旦食用了这样的食物,可能会对我们的健康产生不良影响。因此,我们要吃新鲜卫生的食物,防止病从口入。

(一) 腐败变质的食物危害大

腐败变质的食物含有致病菌和各种毒素,会引起人体的不良反应甚至发生食物中毒。轻者会出现呕吐、恶心、腹痛、腹泻、发热等症状,严重者甚至有生命危险。

腐败变质食物会导致急性中毒、慢性中毒或造成潜在危害。比如剩米饭如果被细菌污染出现腐败变质,食用后可能会出现恶心、呕吐等症状;甘蔗如果储存不当会发生霉变(产生的毒素为 3- 硝基丙酸),一般来说食用 2~8 小时后,会出现呕吐、头晕、头疼、视力障碍,进而四肢僵直等症状,严重者甚至昏迷和死亡;木耳泡发时间过久可能滋生一种细菌,这种细菌会产生致命毒素(米酵菌酸),这种毒素即使经过爆炒等高温处理也依然存在,会对人体健康造成损害。

有些腐败变质食品中的有毒物质含量较少,或因本身毒性作用较低,并不引起急性中毒，但长期食用会造成慢性中毒，甚至致癌、致畸、致突变等潜在危害。比如被黄曲霉毒素污染的霉变花生、粮食和花生油是生活中最常见的致癌物质。由此可见，食物腐败变质很可能损害人体健康，因此我们要学会辨别食物是否发生变质，食用新鲜卫生的食物，保证饮食卫生。

（二）如何判断食物是否新鲜卫生

生活中，我们吃到的食物大致可分为两类，一类是有包装的食品，例如盒装或袋装的牛奶、饼干等；另一类是没有包装的食品，通常是一些生鲜食品和需要称重的食品，例如我们吃的饭菜、购买的熟食以及一些散装的小食品等。

1. 有包装的食品

有包装的食品多有食品标签，最简单的判断食物新不新鲜的方法就是查看食品标签标示的生产日期和保质期。食物保质期，是指在标签指明的贮存条件下，保持品质的期限，即质量降低的期限。食品保质期有如下标示形式：

最好在……之前食（饮）用；……之前食（饮）用最佳；……之前最佳；

此日期前最佳……；此日期前食（饮）用最佳……；

保质期（至）……；保质期 × × 个月（或 × × 日，或 × × 天，或 × × 周，或 × 年）

我们要学会查看各种形式标记的保质期，选择保质期限之内的食品。如果外包装上没有标注保质期、生产日期和生产厂家等关键信息，说明该食品很可能不是正规厂家生产的合格产品，一定不要购买

另外，有些真空包装的食品一旦出现"胀袋"情况也不要购买，因为里面的食物很可能已经变质。

2. 没有包装的食品

对于没有包装的食品，无法通过保质期来判断食物新鲜与否，则需要我们通过外观和气味进行辨别。

而生活中我们最容易遇到的不新鲜食品就是剩饭剩菜，尤其是夏天，温度、湿度较高，剩菜剩饭更容易滋生细菌。为了降低食物变质的风险，我们应尽量把饭菜当顿吃完，不剩饭剩菜。如果剩下的饭菜确实比较多，应该封装好存放于冰箱中，尽量在 24 小时内吃完。再次食用前，一定要充分加热（中心温度要达到 70℃以上）。

我们要学会辨别剩饭剩菜是否仍然新鲜卫生。腐败变质的米饭、馒头会发黄，出现霉斑，产生霉味、馊味；喝剩的牛奶、绿豆汤、豆浆等液态食物，在室温放

置久了会出现酸臭味；还有一些吃剩的食物，例如蔬菜、肉类等，如果不注意保存，会产生一些我们肉眼看不到的毒素，一旦食用会影响健康；水果放置久了，外表会出现深色斑点，表面变得松软、发绵、凹陷、变形，逐渐变成浆液状，并产生如酸味、芳香味、酒味等各种不同的气味。

三、课堂实践与拓展

1. 常温放置一种食物，连续观察食物腐败变质的全过程并用视频、图片、文字等记录下来。

2. 保质期猜猜猜。开展竞答游戏，老师列出几种食物以及储存条件，学生抢答其大概的保质期。

3. 以"保存食物我有妙招"为话题，进行一次国旗下讲话或主题班会。

四、扩展阅读

（一）食物腐败原因知多少

引起食物腐败变质的主要原因包括以下三方面：

1. 微生物

这是主要原因，当环境条件适宜，微生物会迅速繁殖增长。多是由细菌、真菌、酵母菌等引起腐败变质。

2. 食品本身的组成和性质也与食物腐败变质有关

（1）食品中含有的酶，会继续进行一些生化反应，比如蔬菜水果和粮食的呼吸作用、肉类的后熟等，都可能会导致食物腐败变质。

（2）食品中的水分，是微生物生存和分解食物的基础，而食物中的营养成分，是微生物的良好培养基，水分活度高以及营养物质丰富的食物易导致微生物的生长繁殖，从而导致食物腐败变质。

（3）食品的理化性质，比如 pH、渗透压等均与腐败变质的发生有关。食品 pH 高低是制约微生物生长，影响食品腐败变质的重要因素之一。微生物在低渗透压的食品中有一定的抵抗力，较易生长，而在高渗食品中，如在高盐、高糖等条件下，微生物常因脱水而死亡。

（4）食物状态，包装、外观完好有利于防止微生物污染，如果破损，易导致腐败变质。

3. 环境因素

温度、湿度、氧气、光照等会影响食物储存。

（二）常见食物的保存方法

食物经过合理的保存，可以有效延长保鲜期，降低腐败变质的风险。我们要学会常见食物的合理保存方法。

1. 米面杂粮

尽量用密封的盒子或袋子储存，防止受潮，防鼠防虫，要放置在阴凉、通风、干燥的地方，避免阳光直射。

2. 蛋、奶类

一般情况下蛋类、酸奶应冷藏保存，部分牛奶也要冷藏保存，要根据食品标签选择正确保存方法。

3. 生肉、水产海鲜类

暂时不吃的生肉和水产海鲜，应当用密封的盒子或袋子装好，放置于冰箱冷冻室（一般为 –18℃以下），避免互相接触导致交叉污染。如有已经烹调熟但未食用完的水产品，放置在冰箱冷藏室保存。再次食用前，一定要充分加热。

常见食物的保存

4. 熟肉制品

熟肉制品应尽量当天吃完，如果实在吃不完，应用密封的盒子或袋子装好，放置于冰箱冷藏室，下次食用前也要充分加热。

5. 坚果、炒货类

应密封、避光保存，避免高温和火源。

三年级

第一课　我们需要的营养素

一、教学目标和重点

指导学生认识人体所需的主要营养素,了解各营养素的主要作用和食物来源,培养营养均衡的良好饮食习惯。

二、教学内容

(一) 主要的营养素

我们通过食物获取营养素,来维持生存、生长发育等一系列生命活动和过程。营养素分为碳水化合物、蛋白质、脂类、矿物质、维生素、膳食纤维和水。同学们需要充足、比例适宜的营养素来满足生长发育需要。

1. 碳水化合物

碳水化合物是我们最主要、最经济、不能缺少的能量来源。碳水化合物主要包括糖和淀粉。水果、甘蔗、牛奶中的糖属于碳水化合物。谷薯类食物如大米、小麦(面粉)、土豆、红薯中含有淀粉,是碳水化合物的主要食物来源。我们一日三餐离不开主食,儿童正常吃饭就不会缺乏碳水化合物。

2. 蛋白质

蛋白质是一切生命活动的物质基础,是构成人体组织、生长发育、抵抗疾病的最重要营养素。没有蛋白质，就没有生命。除此之外，蛋白质还可以帮助我们修复受伤的组织和皮肤，促进疾病的恢复。蛋白质广泛存在于动物性食物和植物性食物中。

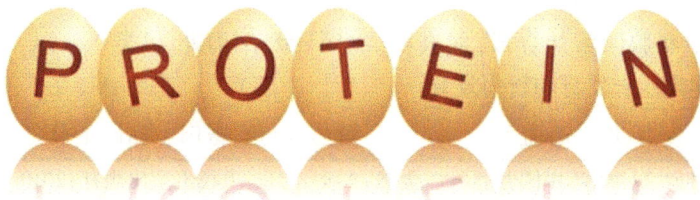

3. 脂类

脂类分为脂肪和类脂。人体中脂类约 95% 是脂肪，其余是类脂。人体内脂肪的主要生理功能是提供和储存能量。脂肪可以提供能量，当能量摄入超过人体需要时，多余的能量可以转化为脂肪储存在体内。脂肪可以维持体温恒定，因此肥胖者冬天相对不怕冷。脂肪对身体内各脏器起固定和保护垫的作用。脂肪可以增加饱腹感，增进食欲，促进脂溶性维生素（维生素 A、维生素 D、维生素 E）吸收。

食物中的脂肪还可以改善食物的感官性状，让食物产生特殊的香味。

适量摄入脂肪对于满足机体需要、维持健康具有重要作用。依据脂肪的组成成分中的脂肪酸，可以将脂肪分为饱和脂肪酸和不饱和脂肪酸，饱和脂肪酸多存在于动物脂肪和奶类中，植物脂肪（植物油）主要含有不饱和脂肪酸。

4. 矿物质

人体需要的矿物质有 21 种，主要包括钙、铁、锌、碘、硒等。人体不能合成矿物质，必须从食物和水中获得。在我国儿童中，钙、铁、锌等矿物质比较容易缺乏。

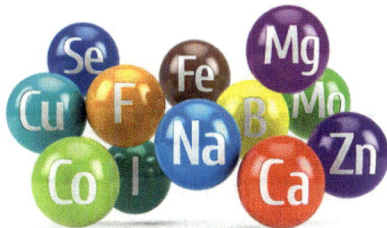

表 3-1-1 几种主要矿物质的作用和食物来源

矿物质	主要作用	常见食物来源
钙	构成机体骨骼和牙齿	奶类、大豆、豆腐、虾皮、海带、黑芝麻、深色蔬菜
铁	维持造血功能、增强免疫力	动物肝脏、畜禽鱼肉、木耳、蘑菇、紫菜
锌	促进生长发育、促进免疫功能	贝类海产品如扇贝、畜肉和内脏、蛋黄、花生
碘	参与甲状腺激素的合成,促进婴幼儿早期生长发育和智力发育	海带、紫菜、海虾、贝类
硒	增强免疫力、保护心血管	鱿鱼、海鱼、畜肉、鸡肝、蛋黄

参考资料:杨月欣,葛可佑.中国营养科学全书.2版.北京:人民卫生出版社,2019.

5. 维生素

维生素是一类天然存在于各类食物中的营养素,绝大部分维生素不能在人体内合成,必须由食物中摄取。

根据维生素的溶解性可将其分为两大类,即脂溶性维生素(维生素 A、维生素 D、维生素 E、维生素 K)和水溶性维生素(B 族维生素和维生素 C)。

脂溶性维生素是指不溶于水而溶于脂肪及有机溶剂的维生素。脂溶性维生素在食物中经常与脂类共存,易储存在体内,而不易排出体外。脂溶性维生素不能缺乏,也不能过量。如果摄入不足,会缓慢地出现各种缺乏症状;如果摄取过多,则会在体内蓄积而导致毒性作用。

水溶性维生素是指可溶于水的维生素。水溶性维生素摄入过多将从尿中排出;当体内水溶性维生素缺乏时,摄入的维生素将大量被身体摄取利用。水溶性维生素一般无毒性,但摄入过量后也会出现毒性;若摄入过少,可较快地出现缺乏症状。

维生素对于维持人体各种生理功能是必不可少的,食物来源相对广泛。

表 3-1-2 主要维生素作用和食物来源

维生素	主要作用	常见食物来源
维生素 A	维持视觉功能;促进生长发育、促进免疫功能	动物肝脏、胡萝卜、牛奶、蛋黄、深色蔬菜
维生素 B$_1$	参与营养素和能量代谢	谷类和全谷类、豆类、坚果、动物内脏、蛋类
维生素 C	抗氧化、增强免疫力、促进铁的吸收	水果、深色蔬菜

续表

维生素	主要作用	常见食物来源
维生素 D	促进骨骼发育,预防骨质疏松	海鱼、肝脏、蛋黄
维生素 E	抗氧化、预防衰老	植物油、坚果、全谷物、蛋类

参考资料:杨月欣,葛可佑.中国营养科学全书.2版.北京:人民卫生出版社,2019.

6. 能量

能量是一切生命活动的动力。人体所需的能量来源于碳水化合物、脂肪、蛋白质三种产能营养素。同等重量下,碳水化合物和蛋白质提供的能量近似,而脂肪提供的能量是这两者的 2 倍。一般情况下,人体主要利用碳水化合物和脂肪为机体供能,机体所需能量的 50%~65% 由碳水化合物提供,20%~30% 由脂肪提供,10%~15% 由蛋白质提供。

7. 膳食纤维

还有一类特殊的、不能被人体消化吸收的碳水化合物我们称为膳食纤维。膳食纤维虽然不能被消化吸收,所含的能量很少,但是具有重要的营养价值,包括增加饱腹感,有助于控制体重;刺激胃肠道的蠕动,有利于粪便的排出,预防和改善便秘。膳食纤维还有防止血糖快速升高、降低血脂、有利于肠道健康、预防癌症的作用。

膳食纤维最好的来源是天然的植物性食物,如新鲜的蔬菜、水果、大豆、谷类、坚果等。粗杂粮或全谷物(如糙米、玉米、小米、燕麦、荞麦等)比精制米面所含膳食纤维更多;瓜茄类蔬菜外皮比内芯富含膳食纤维,叶菜类的外层比菜心富含膳食纤维;水果可食用的果皮中膳食纤维含量较高。所以进食时不能只追求软糯精细的口感,在可食用的情况下,尽量不浪费富含膳食纤维的部分。

(二) 蛋白质的重要性

蛋白质是儿童生长发育的重要营养物质,如果摄入不足,会导致营养不良、贫血、免疫功能低下等,影响儿童健康。因此,必须保证蛋白质摄入充足。

1. 蛋白质的基本组成单位——氨基酸

氨基酸是组成蛋白质的基本单位,蛋白质需要在体内分解成氨基酸后才可以被机体吸收利用。有些氨基酸需要从食物中获得,不同食物中氨基酸种类不同,因此,我们应坚持食物多样的饮食习惯。

2. 蛋白质的生理作用

蛋白质对维持生命和健康发挥着重要的生理作用。蛋白质构成人体组织和器官;人体的肌肉、心脏等器官、骨骼和牙齿中都含有大量蛋白质,血液中的血红蛋白,清除细菌病毒、抵抗疾病的抗体也都由蛋白质构成。

3. 蛋白质不足对儿童健康的影响

儿童正处于生长发育阶段,蛋白质缺乏对他们的健康影响更大。蛋白质如果摄入不足会导致生长发育迟缓,身材矮小、消瘦、贫血、疲乏无力、免疫力低下等,影响儿童的健康。

4. 蛋白质的食物来源

蛋白质广泛存在动物性食物和植物性食物中,其中,大豆及其制品,畜肉尤其是瘦肉,鸡肉、鸭肉等禽肉,鱼肉,鸡蛋和牛奶等都富含优质蛋白质,易于被人体吸收。

动物性食物和植物性食物的蛋白质各具特点。

动物性蛋白质如蛋类、奶类和瘦肉中的蛋白质多为优质蛋白质,氨基酸组成比较平衡,人体利用率高,是人体蛋白质的重要来源。但动物脂肪含量较高,过多食用不利于健康。

大豆及豆制品含有丰富的蛋白质,氨基酸组成也比较合理,属于植物性食物中蛋白质吸收利用率较高的一类。谷薯类含蛋白质不高,但由于谷薯类食用量相对较大,且更加易得,也是蛋白质的重要来源。

动物性蛋白质和植物性蛋白质的氨基酸组成不同,营养价值各具特点。应注意儿童食物中动物性蛋白质和植物性蛋白质的互补,做到食物合理搭配,同时保证优质蛋白质的摄入。

三、课堂实践与拓展

想一想:回忆自己昨天吃了哪些富含蛋白质的食物?

四、扩展阅读

(一) 植物化学物

食物中除了含有多种营养素外,还含有一类对人体有益的物质,称为植物化学物。这类物质对于维护人体健康、预防疾病发生发挥着重要的作用。

常见的植物化学物包括类胡萝卜素、多酚、有机硫化物、植物多糖等。类胡萝卜素主要存在于新鲜的蔬菜水果中,如黄橙色的胡萝卜、芒果,红色的西红柿,深绿色的蔬菜等都富含类胡萝卜素。类胡萝卜素具有抗氧化、增强免疫功能、保护视觉等功能。绿茶中的茶多酚、大豆中的大豆异黄酮等多酚类植物化学物具有抗氧化、抗肿瘤、抗炎、增强免疫、保护心血管等作用。西蓝花、卷心菜、大蒜、洋葱、葱等蔬菜中含有的有机硫化物,具有杀菌、抗炎、抑制肿瘤的作用。蘑菇中的植物多糖具有增强免疫、抗肿瘤等作用。所以要多吃蔬菜和水果来摄取足量的植物化学物,促进健康。

(二) 脂肪酸的分类

食物脂肪主要是由甘油和脂肪酸构成的甘油三酯。按化学结构键的饱和程度,脂肪酸可以分为饱和脂肪酸和不饱和脂肪酸。

饱和脂肪酸能促进体内胆固醇合成,是导致血脂异常和心血管疾病的重要膳食因素。最常见的饱和脂肪酸是棕榈酸和硬脂酸,主要来自畜禽肉类、内脏、蛋类和奶类等动物性食物以及猪油、牛油、奶油等动物油。鱼类脂肪含量相对较低,且含有较多的不饱和脂肪酸。

不饱和脂肪酸分为单不饱和脂肪酸和多不饱和脂肪酸。单不饱和脂肪酸常见的是油酸。油酸在橄榄油、茶油、葵花子油中含量较高。多不饱和脂肪酸常见的是亚油酸和 α- 亚麻酸。它们广泛存在于植物油(如豆油、花生油、玉米油、色拉油、葵花子油、米糠油等)和富含油脂的食物(如花生、大豆、葵花子、南瓜子等)中。不饱和脂肪酸能降低血清胆固醇,可以预防动脉粥样硬化的发生。

第二课　主食多样化

一、教学目标和重点

了解主食的营养价值和健康益处,学会在日常生活中如何吃主食,做到主食多样化。

二、教学内容

(一) 什么是主食

主食一般指谷薯类食物包括谷类、薯类和杂豆,是我国传统膳食的重要组成部分。常见的谷类食物有米饭、面条、米线、馒头等,常见的薯类食物有马铃薯(土豆)、红薯、芋头、山药等,杂豆类指除大豆之外的红小豆、绿豆等。

谷类

薯类

杂豆类

(二) 认识谷类食物

水稻和小麦经过研磨后脱去谷皮等外壳,再经过加工就制成了大米和面粉。大米、面粉经过烹饪加工,就可以制成米饭、米粉、面条、馒头等主食。

水稻

大米

米饭

小麦

面粉

面条

　　我们日常生活中吃到的谷类食物多数都是精米精面。精米精面是由小麦和稻米经过碾磨、粉碎等精细化加工处理制成的。加工过程中去除了完整谷粒所具备的胚乳、胚芽、麸皮等天然营养成分，损失了大量的维生素和矿物质。所以，谷物加工处理的程度越高，营养成分损失越严重。以小麦粉为例，目前市面上出售的有标准粉、普通粉、富强粉等。其中标准粉也叫标粉，即 100 斤小麦磨出 85 斤面粉，又称作八五粉；富强粉则是指比较精细、面筋含量高、杂质少、较白的面粉，通常 100 斤小麦磨出 70 斤的面粉。出粉率越低，面粉就越精制，颜色也就越白。

（三）谷薯类食物的营养价值

　　谷薯类食物主要成分为淀粉，是碳水化合物的主要来源，可以为人体提供各种活动所需的能量。谷类食物还含有较为丰富的蛋白质，以及 B 族维生素、矿物质、膳食纤维等营养物质。

　　薯类也是以淀粉为主要成分，蛋白质和脂肪含量较低，还含有丰富的铁、维生素等。如马铃薯中的钾含量非常丰富，红薯的胡萝卜素和维生素 C 含量丰富。

　　杂豆的淀粉含量约占一半，还含有人体所需的赖氨酸、B 族维生素、丰富的矿物质等，可以与其他谷类食物搭配食用。

　　与精米精面相比，标准米、面和杂豆可以提供更多的膳食纤维、B 族维生素、维生素 E 和矿物质等，能够降低糖尿病、心血管疾病等慢性病的发生风险。

表 3-2-1　每 100g 标准粉与富强粉的能量和营养素含量

	能量 /kcal	蛋白质 /g	脂肪 /g	碳水化合物 /g	不溶性膳食纤维 /g
标准粉	362	15.7	2.5	70.9	31.3
富强粉	362	12.3	1.5	74.9	—

（四）如何做到主食多样化

主食是每天不可或缺的食物，一日三餐都要摄入充足的主食，如米饭、面条，以及馒头、烙饼、粥等。按照每天所需的碳水化合物提供的能量占摄入总能量的50%~65% 计算，小学生每天吃的谷薯类食物应为 150~200g（生重），其中薯类 25-50g，全谷物和杂豆类 30~70g。

各类主食营养特点不同，要合理搭配。主食不要太精细，而且不同的食物种类混合食用，还能提高膳食的营养价值。一般每天保证有三种以上的主食食物。

如在学校食堂吃饭时，除了吃米饭、馒头或面条外，也要适当地增加薯类、全谷物和杂豆类食物，如玉米、小米、燕麦、荞麦、绿豆等。

在家庭烹饪中，八宝粥是最典型的谷薯类混合杂豆类的食物，一般以大米为主料，再添加绿豆、红小豆、扁豆、红枣、花生、百合、薏米等食材熬制成粥。一碗八宝粥就能吃到多种食物，是典型的食物多样化。还可以在焖制米饭时加入糙米、红小豆或玉米糁，用蔬菜榨汁制成五色面条，制作红薯饼、南瓜饼、豆馅饼等，做到粗细搭配。

同学们还要注意，要少吃油炸类的主食，如炸油饼、方便面、炸油糕、炸薯条等。这些食物能量高，长期过多食用会增加超重肥胖的风险。

三、拓展活动

请同学们回家以后在家长的帮助下熬制一次八宝粥。

四、扩展阅读

常吃油炸食品不利于健康

常见的油炸食品有油条、炸薯条、薯片、油炸方便面、炸鸡块等，以西式快餐为代表，因其讨巧的口味，深受儿童的喜爱。但油炸食物对健康是有一定危害的。首先油炸会造成食物中营养素的破坏，例如油炸方便面，在油炸的过程中损失了大量食物本身所含的营养素，造成其营养素密度降低。实验表明，经过高温油炸后的维生素 B_1 几乎全部被破坏，维生素 B_2 也被破坏了近 50%。其次，油炸食品所含的能量高，过量食用可增加超重肥胖的发生风险。一份中包炸薯条所含的能量约为 1 540kJ，相当于一碗半米饭的能量；而 6 块炸鸡翅的能量为 1 971kJ，相当于近两碗米饭的能量。因此儿童要少吃油炸食品和西式快餐等不健康的食物，从小预防超重肥胖的发生，养成健康的饮食习惯。

第三课　营养不足

一、教学目标和重点

了解营养不足和常见微量营养素缺乏的表现。掌握营养不足和微量营养素缺乏的常见原因,以及营养不足的判定方法。在日常生活中学会利用判别标准进行自我评估,同时培养良好的饮食习惯,预防营养不足和微量营养素缺乏的发生。

二、教学内容

(一) 认识营养不足

营养不良是指人们摄取能量和 / 或营养素方面的缺乏、过度或不平衡。营养不足是营养不良的一种特定表现,指由于儿童食物摄入不足、生长发育期营养需要量增加、特殊时期营养损失过多,以及体内营养吸收利用障碍而导致短期或长期的营养缺乏。对于中小学生来说,营养不足主要表现为:生长迟缓和消瘦。身高、体重通常作为评估儿童健康与营养状况的重要指标。

儿童期营养不足的表现不仅体现在身高、体重低于正常儿童,还可

生长迟缓(身高低于同年龄标准值)　　消瘦(体重低于同年龄标准值)

图片来源:UNICEF,1 000 Days Policy Brief,2013.

能出现免疫力低下而增加患腹泻、呼吸道感染、肺炎或麻疹等疾病的风险。此外,长期营养不足可能影响认知功能,降低学习能力,严重的可造成危及生命的后果。

(二) 营养不足的判定

适宜的身高和体重增长是营养均衡的体现。目前,我国学龄儿童的营养不足筛查主要包括生长迟缓和消瘦两个指标。

1. 生长迟缓

如果儿童的身高小于等于同年龄、同性别儿童对应的标准值,则说明该儿童生长迟缓。这是儿童长期营养不良的表现。例如,一名9岁男生,身高为118cm,低于表3-3-1中120.6cm的标准值,可以判定该名男生为生长迟缓。

表3-3-1　我国6~18岁学龄儿童生长迟缓判别标准

年龄/岁	男生身高/cm	女生身高/cm
6.0~	≤106.3	≤105.7
6.5~	≤109.5	≤108.0
7.0~	≤111.3	≤110.2
7.5~	≤112.8	≤111.8
8.0~	≤115.4	≤114.5
8.5~	≤117.6	≤116.8
9.0~	≤120.6	≤119.5
9.5~	≤123.0	≤121.7
10.0~	≤125.2	≤123.9
10.5~	≤127.0	≤125.7
11.0~	≤129.1	≤128.6
11.5~	≤130.8	≤131.0
12.0~	≤133.1	≤133.6
12.5~	≤134.9	≤135.7

参考资料:《学龄儿童青少年营养不良筛查》(WS/T 456—2014)

2. 消瘦

体重指数(BMI)是反映营养状况的常用指标,用体重(kg)除以身高的平方(m²)计算得出。如果儿童的BMI小于等于同年龄、同性别儿童对应的标准值,则说明该儿童消瘦。消瘦是儿童短期营养不良的表现,可分为轻度或中重度消瘦。

例如,一名 9 岁女生,BMI 为 13.5kg/m²,处于 13.3~13.8kg/m² 的轻度消瘦值的范围内,可以判定该名女生是轻度消瘦。

$$体重指数(BMI)= 体重(kg)/ 身高的平方(m^2)$$

表 3-3-2　我国 6~18 岁学龄儿童消瘦判别标准

年龄 / 岁	男生 BMI/(kg·m⁻²)		女生 BMI/(kg·m⁻²)	
	中重度消瘦	轻度消瘦	中重度消瘦	轻度消瘦
6.0~	≤13.2	13.3~13.4	≤12.8	12.9~13.1
6.5~	≤13.4	13.5~13.8	≤12.9	13.0~13.3
7.0~	≤13.5	13.6~13.9	≤13.0	13.1~13.4
7.5~	≤13.5	13.6~13.9	≤13.0	13.1~13.5
8.0~	≤13.6	13.7~14.0	≤13.1	13.2~13.6
8.5~	≤13.6	13.7~14.0	≤13.1	13.2~13.7
9.0~	≤13.7	13.8~14.1	≤13.2	13.3~13.8
9.5~	≤13.8	13.9~14.2	≤13.2	13.3~13.9
10.0~	≤13.9	14.0~14.4	≤13.3	13.4~14.0
10.5~	≤14.0	14.1~14.6	≤13.4	13.5~14.1
11.0~	≤14.2	14.3~14.9	≤13.7	13.8~14.3
11.5~	≤14.3	14.4~15.1	≤13.9	14.0~14.5
12.0~	≤14.4	14.5~15.4	≤14.1	14.2~14.7
12.5~	≤14.5	14.6~15.6	≤14.3	14.4~14.9

参考资料:《学龄儿童青少年营养不良筛查》(WS/T 456—2014)

(三) 认识微量营养素缺乏

由于膳食不均衡、需要量增加、损失过多或体内吸收利用障碍而导致某种人体必需的矿物质或维生素缺乏,如铁、锌、硒、维生素 A、维生素 D 缺乏等,就会出现各种缺乏症状。我国儿童目前面临的微量营养素缺乏主要有以下三种:缺铁性贫血、维生素 A 缺乏和维生素 D 缺乏。

1. 缺铁性贫血

缺铁性贫血是儿童中最常见的营养缺乏性疾病。长期膳食中铁的供给不足,可导致缺铁性贫血。轻度至中度的铁缺乏主要表现为血红蛋白含量的变化,没有明显表现,需要到医院进行相关检查才可诊断;儿童严重的缺铁性贫血表现为易烦躁、对周围不感兴趣、嗜睡、脸色苍白、指甲脆薄、运动和智力发育受阻、抗感染能力降低等。

2. 维生素 A 缺乏

如果儿童很少食用黄色和绿色蔬菜、水果和动物肝脏，或者长期食用淀粉类食物，脱脂奶类等较单一的食物，就容易出现维生素 A 缺乏。维生素 A 缺乏会引起一系列眼部症状，其最早的表现为暗适应能力下降（是指眼睛经强光照射后，当强光消失，在黑暗中需要适应一段时间才可看清周围事物的现象），进一步缺乏可发展为夜盲症（是指眼睛在黑暗无光照的情况下，看不见周围事物的现象），严重者可导致眼干燥症（即"干眼病"），甚至失明。夜盲症可在补充维生素 A 之后恢复，而干眼症则不可恢复。此外，维生素 A 缺乏还可引起儿童皮肤干燥、瘙痒，免疫功能低下，呼吸道或消化道炎症的发生风险增加。

3. 维生素 D 缺乏

维生素 D 缺乏通常是由阳光照射时间短，鱼、蛋和动物肝脏等富含维生素 D 的食物摄入不足，生长发育过快等引起的。儿童缺乏维生素 D 首先会影响钙的吸收，主要表现为骨骼疾病；此外，神经、肌肉、造血和免疫功能等也可能受到影响。严重的维生素 D 缺乏会导致儿童发生佝偻病和 / 或低钙血症，对于处于生长发育期的儿童，可能会出现间断性膝关节或小腿疼痛，以及睡眠不安、免疫力下降，反复上呼吸道感染或腹泻等症状。

（四）营养不足和微量营养素缺乏的常见原因

不健康的饮食行为通常与营养不足和微量营养素缺乏的直接相关。儿童期是饮食行为形成的重要时期，这个时期最主要的不健康饮食行为是挑食偏食。由此导致的膳食营养不均衡是导致儿童发生营养不足和微量营养素缺乏的最主要原因。

很多挑食偏食的儿童都存在蔬菜、水果摄入不足，高能量、高密度食物摄入过多的问题，这样不仅会导致营养不均衡从而影响儿童生长发育状况和健康水平，而且不健康饮食行为还会延续到成年期，对一生的饮食习惯产生影响。

儿童对食物的喜好不仅取决于儿童自身对营养健康知识的了解和掌握，而很大程度上受父母喂养行为、自身对食物熟悉程度和同伴对食物的认识等因素的影响，也可能受当地的食物资源或家庭经济状况的影响。

（五）如何防治营养不足和缺铁性贫血

对于轻度生长迟缓和消瘦的儿童,在保证充足能量摄入的基础上,适当增加鱼、禽、蛋、瘦肉、豆制品等富含优质蛋白质食物的摄入,经常食用奶及奶制品,每天吃新鲜的蔬菜和水果。同时保证吃好一日三餐,纠正挑食偏食和过度节食等不健康饮食行为,保持适量的身体活动。对于重度或疾病诱发的生长迟缓和消瘦的儿童,应及时去医院就诊,由临床专业人员进行治疗。

均衡饮食是预防缺铁性贫血的重要措施之一。多吃富含铁的食物,如动物肝脏、血制品、瘦肉,以及富含维生素 C 的新鲜蔬菜和水果,促进铁的吸收。已经确诊为缺铁性贫血的儿童,则应在医生或营养专业工作者的指导下及时服用铁剂,定期监测血红蛋白,同时仔细查找贫血病因,开展针对性治疗。对于没有出现贫血症状者,如果在筛检中发现,也应及时调整膳食结构,以免发展为缺铁性贫血。

三、课堂实践与拓展

1. 以下针对营养不良儿童的膳食建议是否正确
(1) 在保证能量摄入充足的基础上,增加鱼、禽、蛋、瘦肉、豆制品等;　　□
(2) 增加富含优质蛋白质食物的摄入;　　□
(3) 经常食用奶及奶制品;　　□
(4) 每天吃新鲜蔬菜和水果;　　□
(5) 保证规律的一日三餐,不偏食挑食或过度节食;　　□
(6) 保持适量的身体活动。　　□

2. 课堂小实验
实验目的:学会测量身高、体重,并评价是否为营养不足。
实验材料:身高坐高计、体重秤。

四、扩展阅读

（一）学龄儿童膳食指南核心推荐

《中国学龄儿童膳食指南(2016)》在一般人群膳食指南基础上,又增加了 5

条核心推荐：

认识食物，学习烹饪，提高营养科学素养。

三餐合理，规律进餐，培养健康饮食行为。

合理选择零食，足量饮水，不喝含糖饮料。

不偏食节食，不暴饮暴食，保持适宜体重增长。

保证每天至少活动 60 分钟，增加户外活动时间。

（二）素食主义者会营养不良吗

素食主义是指不吃动物性食物的饮食习惯，动物性食物如畜肉、家禽、鱼及其制品、奶及奶制品和蛋类。根据不同膳食组成，素食主义者又可分为几种不同的类型，其中严格素食主义者不吃一切动物性食物，包括鸡蛋、奶制品和蜂蜜。由此可见，素食主义者的膳食模式并不遵循一般人群的平衡膳食原则，容易导致能量、蛋白质摄入不足以及特定营养素缺乏，发生营养不良。常见的营养素缺乏为铁、维生素 D、维生素 B_{12} 和 n-3 脂肪酸等缺乏。

由于缺乏肉蛋奶等动物性食物的摄入，素食主义者的优质蛋白质来源得不到保障，因此在日常膳食中要大幅增加坚果、大豆及其制品的摄入；对于一般素食者还应保证每日奶类及其制品的摄入量。由于维生素 B_{12} 的主要来源是动物性食物，素食主义者有着极大的缺乏风险，必要的时候需要通过营养强化食品或者营养素补充剂来满足人体对其营养需要。此外，素食主义者应定期体检，时刻关注体内营养素状况，接受营养师指导。最后，不建议学龄儿童进行素食模式，均衡的膳食才是身体健康最好的保障。

第四课　鸡蛋适量吃

一、教学目标和重点

指导学生掌握鸡蛋的营养价值,了解鸡蛋的烹调方法和常见的蛋制品,在日常生活中树立适量吃鸡蛋的观念。

二、教学内容

(一) 鸡蛋从哪儿来?

常见的蛋类包括鸡蛋、鸭蛋、鹅蛋和鹌鹑蛋等十几种,常见的鸡蛋由蛋壳、蛋清和蛋黄三部分构成。市场上销售的鸡蛋主要来源于养鸡场或养鸡专业户用饲料养的鸡所产的蛋,以及农家散养的土鸡产的蛋。鸡蛋的大小不一,一般在 50~60g 之间;按照颜色可分为白壳鸡蛋、粉壳鸡蛋、褐壳鸡蛋和绿壳鸡蛋等。

养鸡场

土鸡蛋

各色鸡蛋

（二）鸡蛋的营养价值

蛋类各种营养成分比较齐全,营养价值高,其中蛋白质含量为 13% 左右,脂肪含量为 10%~15%,碳水化合物含量较低,约为 1%,维生素和矿物质含量较高。鸡蛋的营养价值主要包括以下几个方面:

1. 蛋白质

鸡蛋是优质蛋白质的来源,蛋清中所含的蛋白质超过 40 种。平均每枚鸡蛋可提供 6g 蛋白质,且易被人体消化吸收和利用。鸡蛋中蛋白质的种类和质量基本固定,受饲料影响较小。

2. 脂类

蛋清中脂肪含量极少,98% 的脂肪存在于蛋黄中,且消化吸收率高。蛋黄中脂肪含量为 30%~33%;胆固醇含量较高,每 100g 蛋黄所含的胆固醇可达 1 510mg。

3. 矿物质

鸡蛋所含的矿物质主要集中于蛋黄中,其中磷、钙、铁、锌、硒含量较高。蛋中的矿物质含量受饲料影响较大,饲料中锌和硒的含量显著影响蛋中硒的沉积,通过向饲料中添加硒可生产富硒鸡蛋。

100g蛋黄		100g蛋白	
蛋白质:	15.2g	蛋白质:	11.6g
脂肪:	28.2g	脂肪:	0.1g
胆固醇:	1 510mg	胆固醇:	0mg
维生素A:	438μgRE	维生素A:	0μgRE
维生素B₁:	0.33mg	维生素B1:	0.04mg
维生素B₂:	0.29mg	维生素B2:	0.31mg
钙:	112mg	钙:	9mg
锌:	3.79mg	锌:	0.02mg

鸡蛋清和鸡蛋黄营养素含量比较
（每 100g 可食部）

4. 维生素

鸡蛋中维生素含量丰富,且种类较为齐全,包括所有的 B 族维生素、维生素 A、维生素 D、维生素 E、维生素 K 和微量的维生素 C。蛋中的维生素含量受到品种、季节和饲料中含量的影响,如鸭蛋和鹅蛋的维生素含量总体上高于鸡蛋。

（三）适量吃鸡蛋

蛋类的营养成分比较齐全,营养价值高,虽然胆固醇含量高,但适量摄入不会影响身体健康。《中国学龄儿童膳食指南(2016)》建议,7~<11 岁的儿童每天平均摄入蛋类 25~40g。学龄儿童生长发育迅速,对能量和营养素的需要量相对高

于成人,尤其对于营养不良的儿童,要在保证能量摄入充足的基础上,适当增加蛋类等富含优质蛋白质食物的摄入。

(四) 其他蛋类

1. 鸡蛋的烹调方法

鸡蛋可采用煮、蒸、炒和煎等方法,制作成煮蛋、鸡蛋羹、炒鸡蛋和煎蛋等。煮蛋一般在水开后小火继续煮 5~6 分钟,时间过长会使蛋白质过分凝固,影响消化吸收。煎蛋时火不宜过大,时间不宜过长,否则会使鸡蛋变硬变韧,影响口感和消化。

2. 蛋制品

| 煮鸡蛋 | 蒸鸡蛋 | 炒鸡蛋 | 煎鸡蛋 |

蛋制品是以蛋类为主要原料制成的食品或食品辅料,如松花蛋、咸蛋、卤蛋、蛋黄酱和鸡蛋干等。

松花蛋又称皮蛋,是以清洁蛋为原料加工而成的蛋制品。皮蛋中水分和脂肪含量相对减少,矿物质含量相对增加,但是维生素全部被破坏。皮蛋能刺激消化器官,增进食欲,也具有中和胃酸和缓解胃痛的作用。

咸蛋又称腌蛋,是以清洁蛋为原料,水、盐等为辅料,经腌制而成的蛋制品。咸蛋的水分减少,碳水化合物、矿物质和能量有所增加,维生素 E 含量有所提高,

松花蛋　　　　　　　　　咸鸭蛋

其余维生素略有损失,蛋白质和脂肪变化不显著。但是咸蛋中的钠含量大幅度上升,对于需要控制食盐摄入量的患者,如高血压、心血管疾病和肾病患者,应该谨慎食用。

三、课堂实践与拓展

1. 老师提前准备市售不同种类的蛋类和蛋制品。
2. 请同学们回家后在家长的帮助下用鸡蛋制作一道菜。

四、扩展阅读

(一)红皮鸡蛋比白皮鸡蛋营养价值高吗

有人在买鸡蛋时,专门挑选红皮鸡蛋,认为红皮鸡蛋比白皮鸡蛋营养价值高,其实不然。检测结果表明,二者营养素含量并无显著差别。蛋壳的颜色主要是由一种称为卵壳卟啉的物质决定的。有些鸡的血液中可产生卵壳卟啉,因而蛋壳呈现浅红色;而有些鸡不能产生卵壳卟啉,因而蛋壳呈现白色,颜色完全是由鸡的遗传基因决定的。因此,在选购鸡蛋时,无需专门挑选颜色。

(二)"土鸡蛋"和"洋鸡蛋"的营养价值比较

"土鸡蛋"指的是农家散养的土鸡生的蛋,"洋鸡蛋"指的是养鸡场或养鸡专业户用合成饲料养的鸡生的蛋。哪种鸡蛋的营养价值较高,目前还存在争议。

土鸡应该是完全散养,主要以虫子、蔬菜、野草等为食物。养鸡场里的鸡经过选种、圈养、走路机会少,吃的饲料经过科学配比,所产鸡蛋个头比较大,但是蛋黄没有土鸡蛋大。

两种鸡蛋的营养素含量比较见表3-4-1,可见大部分营养素并无显著差别。脂肪、胆固醇、维生素A、维生素E、钙、镁等相对差别较大,原因可能与饲料、饲养条件和蛋黄所占比例等有关。

表 3-4-1 红皮鸡蛋、白皮鸡蛋和土鸡蛋营养素含量比较（每 100g 可食部）

食物名称	白皮鸡蛋	红皮鸡蛋	土鸡蛋
蛋白质 /g	12.7	12.8	14.4
脂肪 /g	9	11.1	6.4
碳水化合物 /g	1.5	1.3	5.6
胆固醇 /mg	585	585	1 338
维生素 A/μgRE	310	194	199
维生素 E/mg	1.23	2.29	1.36
维生素 B_1/mg	0.09	0.13	0.12
维生素 B_2/mg	0.31	0.32	0.19
烟酸 /mg	0.2	0.2	0
钙 /mg	48	44	76
镁 /mg	14	11	5
铁 /mg	2	2.3	1.7
锌 /mg	1	1.01	1.3
硒 /μg	16.55	14.98	11.5
铜 /mg	0.06	0.07	0.32
锰 /mg	0.03	0.04	0.06

注：引自杨月欣等《中国食物成分表 2009》和《中国食物成分表 2004》。

第五课 做活力好儿童

一、教学目标和重点

了解规律性身体活动、充足睡眠带来的健康益处。了解学龄儿童身体活动推荐量,培养儿童坚持多样化的身体活动。引导学生在日常生活中,养成定期锻炼的好习惯,提高儿童身体素质。

二、教学内容

(一)认识身体活动

身体活动是指由于骨骼肌收缩引起的高于基础代谢水平能量消耗的机体活动,包括职业性身体活动、交通性身体活动、家务性身体活动、休闲活动、体育运动以及以健身和健康为目的的运动锻炼。

规律的身体活动不仅可以促进学龄儿童的生长发育,提升心肺功能,强壮骨骼肌肉,预防近视、缓解眼部疲劳,还可以降低超重肥胖、高血压、2 型糖尿病等慢性病的发生风险。此外,身体活动可改善认知和心理功能,提升学习效率,增强自信、自尊和自我认识,减轻压力,缓解焦虑和紧张,以及改善睡眠等,还可以培养良好的社会适应能力,增进与同学朋友以及父母的感情。

儿童的身体活动通常包括：学校、家庭和社区等不同场所中的体育课、游戏玩耍、交通往来、家务劳动及有计划地锻炼等。

(二) 学龄儿童身体活动推荐量

《中国人群身体活动指南(2021)》建议，6~17岁儿童青少年应每天进行至少60分钟中等强度到高强度的身体活动，且鼓励以户外活动为主；每周至少3天肌肉力量练习和强健骨骼练习。

学龄儿童每天可通过积极且多样化的身体活动达到推荐的身体活动量，争做活力好儿童。表3-5-1展示了三种身体活动强度的特点：

表3-5-1 身体活动强度分级

活动强度	定义	活动举例
低强度	呼吸频率及心率稍有增加，感觉轻松的身体活动	慢走、扫地等
中强度	呼吸频率及心率较快，微微出汗，仍然可以轻松说话，但不能自如唱歌的身体活动	快走、慢跑、踢毽子等
高强度	呼吸频率以及心率明显加快、出汗，且运动中无法说话的身体活动	快跑、跳绳、踢球等

(三) 减少静态活动

久坐是儿童静态活动的主要表现。日常生活中，儿童的久坐行为通常包括学习，看电视、上网等面对屏幕的活动，以及乘坐公交车或私家车等。

长时间的静态活动与慢性病的发生发展密切相关。研究显示，每天看电视超过2小时的儿童发生超重肥胖的风险较高，还可增加2型糖尿病等慢性疾病的发生风险。静态时间过长，特别是长时间使用电子设备还会影响学龄儿童的视力与心理健康。随着电脑或电视等使用时间的增加，视力还未发育成熟的学龄儿童更容易产生视觉疲劳，增加患近视的风险；还可以对心理健康产生负面影响，出现精神抑郁、生活满意度降低等现象。此外，电子设备产生的光可通过抑制退黑素的产生干扰生理节律，影响

儿童睡眠质量。《中国人群身体活动指南(2021)》建议,6~17 岁儿童青少年每天静态行为持续不超过 1 小时,每天视屏时间累计少于 2 小时。

(四) 保证充足睡眠

充足的睡眠对儿童的身心健康有积极影响。建议小学生保证每天 10~12 小时的睡眠时间,中午保持 20~30 分钟的休息时间有助于缓解疲劳、恢复体力,还具有促进生长发育、提升免疫力等健康益处。

睡眠不足会导致学龄儿童血糖代谢异常、食欲增加,从而增加肥胖、糖尿病等代谢性疾病的发生风险,还会引起视力下降、免疫力降低、反应迟钝和短期记忆力减弱等,影响儿童学习能力。

睡眠质量对学龄儿童同样重要。不建议在睡前摄入含咖啡因的饮品,如茶、咖啡、热巧克力等,以及辣椒、大蒜、洋葱、油炸食品等刺激胃酸分泌增加的食物。卧室内应保持安静,无灯光,不摆放电视、手机、电脑和平板等。

(五) 如何实现活力好儿童目标

体育锻炼是提升运动能力和改善身体健康必不可少的一部分。根据世界卫生组织(WHO)推荐,小学生每天应进行累计至少 1 个小时的中等到高强度的身体活动。学龄儿童要学会选择适合个人身体状况的运动方式和运动时间,合理安排好每天的运动时长,尽可能多的开展身体活动,做到运动生活化,实现成为活力好儿童的目标。

1. 利用在校期间的活动时间

由于学龄儿童大部分在校时间均为在室内听课,可开展身体活动的时间十分有限,因此体育课和大课间弥足珍贵。体育课应尽可能在户外进行,儿童课上要积极配合体育老师做好各项体育活动,认真听从老师的指导,并掌握基本的运动知识,充分利用好课堂的 40 分钟,达到良好的锻炼效果。大课间时不要在教室内坐着休息,尽量到室外活动,可以采取多样化的运动方式,如跳绳、校园集体舞、呼啦圈、投球扔沙包、运球接力等充满趣味的游戏活动。

2. 发现课余生活中的运动机会

运动可出现在生活的各个方面。在放学后、周末和节假日期间,学龄儿童可以多与家人或小伙伴一起进行形式多样的室外活动,如慢跑、打球、做游戏等;在家里尽可能做一些力所能及的家务,如扫地、拖地、擦桌子和洗衣服等。

3. 培养一项运动技能

体育运动会对良好的身体素质和个性形成产生积极影响。学龄儿童在日常生活中、学校体育课上必定体验和学过多种运动项目,可在其中选择一项或几项自己擅长和热爱的体育运动,如跑步、跳绳、打篮球等。在实践中不断摸索,不断创新,不断提高,逐渐形成个体化的运动方式,促进学龄儿童逐渐提升运动兴趣,提高身体素质。

4. 减少静坐时间

学龄儿童应减少久坐时间,在写作业、看电视、玩手机、电脑或平板时,建议每达到一小时就要站起来活动 10 分钟以上,白天尽量在室外阳光下活动。此外,要特别注意电子设备的使用时间,建议学龄儿童每天视屏时间不超过 2 小时,并且越少越好。

5. 保证充足睡眠

充足的睡眠可直接影响儿童的精神状态。学龄儿童每天应保证规律且充足的睡眠,争取每晚九点前入睡,睡前 1 小时不要进行高强度的身体活动或发生过于兴奋、激动的情绪波动。早晨睡醒后要及时起床,不要养成赖床的习惯。

三、课堂实践与拓展

1. 请同学们回想并列举自己日常生活中经常开展的体育运动或游戏(此处不是指的在电脑、手机等电子产品上玩的游戏,而是指如下棋、搭积木、捉迷藏等游戏活动),同时评价自己在运动过程中的状态。

把自己喜欢的运动或游戏名称填入表格中,并根据在游戏活动中身体的情况在相应状态下画"√"。

序号	运动/游戏	呼吸加快	心跳加快	轻松说话	唱歌
1					
2					
3					
4					
5					
6					

2. 为自己和小伙伴制订一次喜欢的运动计划。

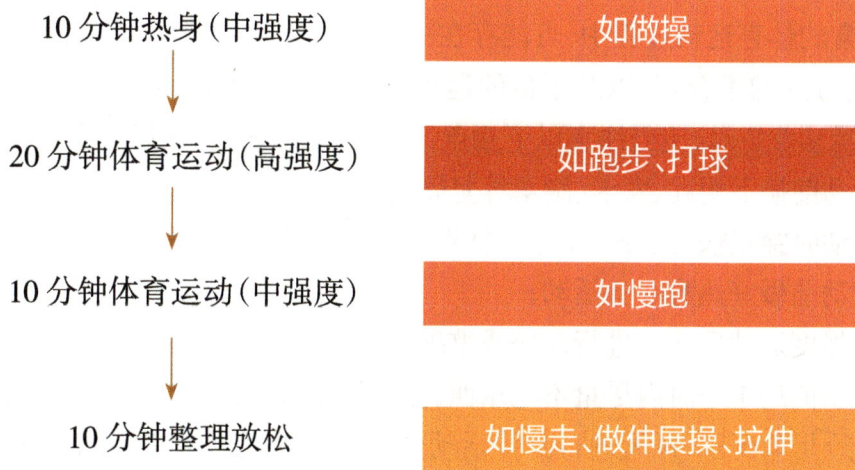

10 分钟热身(中强度) → 如做操

20 分钟体育运动(高强度) → 如跑步、打球

10 分钟体育运动(中强度) → 如慢跑

10 分钟整理放松 → 如慢走、做伸展操、拉伸

整理放松是指在体育运动后,进行至少 5~10 分钟的低中强度的有氧运动、肌肉耐力运动和拉伸。

四、扩展阅读

(一) 我国和全球儿童青少年身体活动现状

我国儿童青少年存在身体活动普遍不足,静态活动、特别是视屏时间长的现象。2010—2013 年中国居民营养与健康状况监测结果显示,我国 6~17 岁儿童青少年每天进行体育锻炼的时间仅为 45 分钟。2016 年中国学龄儿童青少年体力活动和体质健康研究显示,在 1.16 亿学龄儿童中,只有 29.9% 达到每天至少 60 分钟中等到高强度身体活动的推荐要求;同时,有高达 37% 的儿童青少年未能达到每天视屏时间小于 2 小时的推荐要求。

纵观全球青少年身体活动状况,2010 年、2014 年、2016 年青少年身体活动不足的流行率持续居高不下,分别为 82%、81%、81%。《2013—2020 年预防和控制慢性非传染性疾病全球行动计划》制定的目标为"身体活动不足流行率相对减少 10%",而现实中该目标进展缓慢。

因此,学校、家庭要创造良好环境,帮助儿童有意识地增加身体活动、减少视屏时间,提高身体素质。

(二) 如何防止运动损伤

在日常的体育运动过程中,可能存在一些安全隐患,如运动场地存在的安全问题、运动方式的不合理,以及不良的运动习惯、不正确的运动方法等。学龄儿童在进行运动锻炼时,应当注意以下几点,防止运动损伤,保证运动安全:

1. 活动前摘下钥匙、发卡、胸章等坚硬的物品;
2. 运动时穿宽松的衣裤,不穿牛仔裤、皮鞋、凉鞋进行跑步、跳绳等运动;
3. 运动前做好热身准备活动;
4. 高强度运动后注意进行放松或整理活动;
5. 运动前后 1 小时内尽量不吃东西,注意补充水分;运动时不吃东西;

对学龄儿童而言,每天进行身体活动带来的好处远远大于可能出现的运动风险。因此,儿童应积极开展安全的、个性化的体育运动。

(三) 身体活动不足的危害

身体活动不足是多种慢性疾病的重要危险因素。早在 1996 年,美国就确定身体活动不足是心血管疾病等慢性病的独立危险因素。此后,各国研究陆续证明身体活动不足可增加全因死亡风险,并且与冠心病、脑卒中、糖尿病、高血压和肿瘤(尤其是结肠癌和乳腺癌)等发病风险相关。目前,在全球范围内,有高达 81% 的儿童青少年未达到推荐的身体活动量,特别是女生的身体活动不足率还要略高于男生。

第六课　享受食物天然美味

一、教学目标和重点

指导学生了解合理的烹饪方式,认识高盐、高油和高糖的危害,树立油盐糖适量和少在外就餐的观念。

二、教学内容

(一) 烹饪方式和主要调味品

烹饪是人类饮食活动中,为了获得健康安全的食物所采取的对自然状态食物进行加工的技术。通过烹饪,不仅可以为人类提供健康美味的食物,食物通过烹饪加热更有利于人体的消化吸收。常见的烹饪方式包括蒸、煮、烫、炖、炒、炸、烤、煎等。

烹饪过程中经常用到的调味品包括盐、油、糖等。食盐是食物烹调或加工食品的主要调味品。烹调油包括植物油和动物油,是人体必需脂肪酸和维生素 E 的重要来源。常见的植物油包括大豆油、花生油、菜籽油、橄榄油、葵花子油、玉米油、芝麻油等;常见的动物油包括猪油、牛油、羊油、奶油、鱼油等。在食品生产和制备过程中被添加到食物中的糖及糖浆被称为添加糖,包括白砂糖、绵白糖、

红糖、玉米糖浆等。添加糖是纯能量食物,我国居民添加糖的摄入主要来自加工食品。

(二) 高盐、高油和高糖对健康的危害

目前我国居民食盐摄入量较高,而食盐摄入过多会增加高血压、胃癌和脑卒中的发生风险。

我国居民烹调油摄入过多,过多脂肪,尤其是动物脂肪摄入会增加超重肥胖的发生风险。脂肪中的反式脂肪酸会增加心血管疾病的发生风险。

添加糖是纯能量食物,过多摄入会增加龋齿、超重肥胖和 2 型糖尿病的发生风险。

(三) 油盐糖要适量

人的味觉是逐渐养成的,所以要帮助学龄儿童建立健康观念,培养少盐少油低糖的健康饮食习惯。生活中,可以用计量方式(定量盐勺、带刻度油壶)减少食盐、油等调味品的用量,培养儿童的清淡饮食习惯。烹调时应尽可能保留食材的天然味道,不要通过加入过多的食盐等调味品来增加食物的滋味。

对于减少烹调用盐量,可以等到快出锅时再加盐。对于煮、炖菜肴,由于汤水较多,更要减少用盐量。饮食中要降低食盐摄入,培养清淡口味,逐渐做到量化用盐,推荐每人每天食盐摄入量少于 5g。

减少烹调油和动物脂肪用量,推荐每人每天的烹调油摄入量控制在 25~30g。不同的烹调方式用油量不同。选择合理的烹调方法,如蒸、煮、烫、焖、水滑、熘、拌等可以减少用油量,并少用煎、炸等方法。

控制添加糖的摄入量,推荐每人每天摄入不超过 50g,最好控制在 25g 以下。对于儿童来说,含糖饮料是添加糖的主要来源,长期过量引用会增加超重肥胖和多种慢性病的发生风险,因此建议不喝或少喝含糖饮料,少食用高糖食品;也要尽量减少烹调用糖的量。

(四)少在外就餐

《中国居民膳食指南(2016)》建议,多回家吃饭,享受食物和亲情。在家吃饭是我国饮食文化的重要部分,在家吃饭不但可以熟悉食物和烹饪,控制油、盐的用量,还可以加强家庭成员之间的沟通、传承尊老爱幼的美德,培养儿童和青少年良好的饮食习惯。同时,在家吃饭是保持饮食卫生、平衡膳食、避免食物浪费的简单有效措施。而在外就餐可能存在饮食不卫生、营养不均衡以及食物浪费的问题。

因此,学龄儿童应该减少在外就餐的次数;如果在外就餐,应根据人数确定食物的数量,集体用餐时采取分餐制,既做到平衡膳食,又不造成食物的浪费。

三、课堂实践与拓展

1. 老师提前准备控油壶、定量盐罐和盐勺。
2. 请同学们回家后在家长的指导下做一道低盐低油的菜品。

四、扩展阅读

少喝含糖饮料

含糖饮料是指含糖量在 5% 以上的饮品。含糖饮料虽然含糖量在一定范围内,但由于饮用量大,很容易在不知不觉中摄入超过 50g 的限量。多饮含糖饮料不但容易使口味变"重",还会造成超重肥胖,因此建议少喝含糖饮料。日常生活中,可以通过查看食品包装上的营养成分表来了解饮料中糖的含量。营养成分表中"糖"后面的数值表示的就是饮料中的含糖量。学龄儿童要尽量选择"糖"少的饮料或不喝含糖饮料。

四年级

第一课 适量吃肉

一、教学目标和重点

指导学生掌握畜禽鱼类的营养特点，了解肉类过度食用的健康危害，在日常生活中运用优选原则合理选择肉类食物，适量吃肉。

二、教学内容

（一）肉类从哪里来

肉类食物包括畜肉（猪、牛、羊肉）、禽肉（鸡、鸭肉）和鱼、虾及动物肝脏及其制品。那么，餐桌上的肉都是从哪儿来的？

下面以猪肉为例，说明猪肉是从哪里来的。猪通常养在养殖场，经过养殖后，屠宰之前进行宰前检查，判断是否健康和是否适合人类食用。屠宰之后对头部、内脏及其他部分进行宰后检查，再次判定是否健康和是否适合人类食用。检疫合格后，确认无动物疫病的猪肉可进行分割和储存，并加盖统一的检疫合格

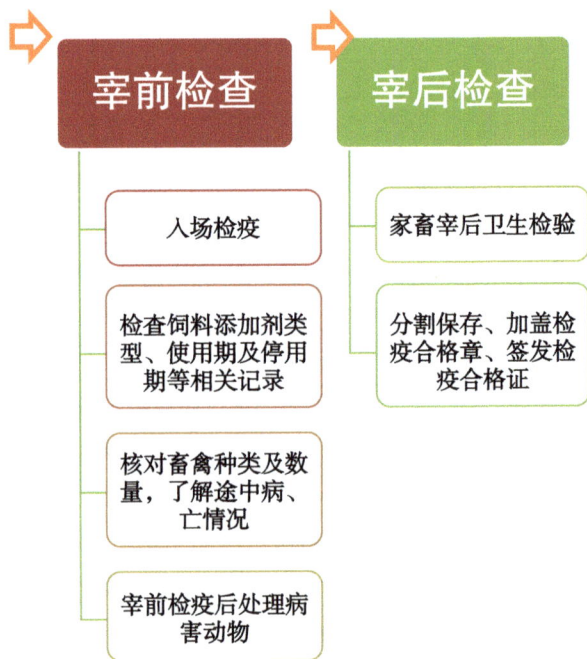

宰前检查
- 入场检疫
- 检查饲料添加剂类型、使用期及停用期等相关记录
- 核对畜禽种类及数量，了解途中病、亡情况
- 宰前检疫后处理病害动物

宰后检查
- 家畜宰后卫生检验
- 分割保存、加盖检疫合格章、签发检疫合格证

参考资料：孙长灏.营养与食品卫生学.8版.北京：人民卫生出版社,2017.

印章,签发检疫合格证,最终上市流通。

(二) 肉类食物的营养价值

肉类富含优质蛋白质、脂肪、矿物质以及部分维生素。畜禽肉中营养素的分布和含量因动物的种类、年龄、肥瘦程度及部位的不同而差异较大。

1. 蛋白质

畜禽肉蛋白质大部分存在于肌肉组织中,属于优质蛋白质。动物的品种、年龄、肥瘦程度及部位不同,蛋白质含量有较大差异。如猪肉蛋白质平均含量为 13.2%,猪里脊肉为 20.2%,而猪五花肉为 7.7%,牛肉和鸡肉为 20%,鸭肉为 10%。

动物内脏如肝、心、禽胗等蛋白质含量较高;皮肤和筋腱多为结缔组织,主要含胶原蛋白和弹性蛋白,但由于缺乏必需氨基酸,因此蛋白质的利用率低,营养价值也低。

鱼类所含蛋白质因鱼的种类、鱼龄、肥瘦程度及捕获季节不同而有区别,一般为 15%~25%。鱼类蛋白质也属于优质蛋白质,含有人体需要的必需氨基酸。

2. 脂肪

畜禽肉类的脂肪含量同样因牲畜的品种、年龄、肥瘦程度以及部位不同而有较大差异,如猪肥肉脂肪含量高达 90%,猪前肘为 31.5%,猪里脊肉为 7.9%;牛五花肉为 5.4%,瘦牛肉为 2.3%。畜肉中的脂肪含量以猪肉最高,其次是羊肉,牛肉和兔肉较低;在禽类中鸭肉和鹅肉的脂肪含量较高,鸡和鸽子次之。

畜肉脂肪以饱和脂肪酸为主,主要为甘油三酯。动物内脏含有较高胆固醇,如每 100g 猪脑中含量约为 2 571mg,猪肝 288mg,猪肾 354mg,牛脑 2 447mg,牛肝 297mg。鱼类脂肪含量较低,深海鱼含有较高的不饱和脂肪酸,其中含量较高的 EPA(二十碳五烯酸)和 DHA(二十二碳六烯酸),具有调节血脂、防治动脉粥样硬化等作用,有利于心血管健康。

表 4-1-1　常见肉类中蛋白质和脂肪含量

肉类	蛋白质 /%	肉类	脂肪 /%
猪肉	13.2	猪肥肉	90.0
猪里脊肉	20.2	猪前肘	31.5
猪五花肉	7.7	猪里脊肉	7.9
牛肉	20.0	牛五花肉	5.4
鸭肉	16.0	瘦牛肉	2.3
河蟹	17.0	鳗鱼	12.8

参考资料：中国营养学会．中国居民膳食指南(2016)．北京：人民卫生出版社，2016.

3. 碳水化合物

畜禽肉中的碳水化合物主要存在于肌肉和肝脏中，含量极少。

4. 矿物质

畜禽肉矿物质含量为 0.8%~1.2%，瘦肉的含量高于肥肉，内脏高于瘦肉。畜禽肉和动物血中铁含量丰富，吸收利用率高，是膳食铁的主要来源。

鱼类矿物质含量为 1%~2%，含量最高的是磷。钙的含量较畜、禽肉高，为钙的良好来源。海水鱼类含碘丰富。软体的海产品如生蚝等锌的含量较高。

5. 维生素

鱼类、动物肝脏是维生素 A 和维生素 D 的重要来源。

(三) 肉类要适量摄入

肉类是膳食优质蛋白的重要来源。长期不爱吃肉、蛋白质摄入不足会造成营养不良，微量营养素缺乏，影响儿童正常的生长发育，导致身体瘦弱、个子矮，免疫力低、容易生病。但同时，肉类食物也富含脂肪，如果长期不节制地吃肉，则会导致儿童超重、肥胖，成年后更易出现高血脂、高血压和心脑血管疾病，危害健康。所以肉类食物要适量吃。《中国居民膳食指南(2016)》推荐，7~11 岁儿童每天应摄入畜禽肉 40~50g，水产品 40~50g。

食用肉类食物，我们要注意以下几点：

1. 适量摄入

每天肉类食物摄入在 80~100g。最好每餐都吃肉,避免集中一餐食用。不要长期只吃一种肉,也要常常更换肉的品种。目前我国居民摄入猪肉、牛肉等畜肉较多,禽肉和鱼肉较少,对居民健康不利,要适当调整比例。动物肝脏胆固醇含量较高,建议每周不要超过一次,每次 25g 为宜。

2. 学会优选

不同肉类食物的蛋白质和脂肪含量差异较大。鱼虾类脂肪含量较低,且含有较多的不饱和脂肪酸,可作为首选。禽类如鸡、鸭等,脂肪含量也相对较低,且脂肪酸组成优于畜肉,也应优先于畜肉。畜肉类脂肪含量较高,但瘦肉中脂肪含量较低,因此吃畜肉应当优选瘦肉,要少吃肥肉。

3. 多蒸煮、少油炸、少加工

烹制肉类食物时,应以蒸、煮、炖的方式为主,不仅可以减少油、盐的摄入,还能更好地保留营养成分,是最健康的烹调方式。肉类在高温烧烤或油炸时,会产生一些致癌物质,危害健康。油炸食品摄入过多也不利于预防肥胖。因此要尽量选择蒸、煮、炖方式制作的肉类。腌制肉盐含量高,不利于心脑血管健康;烟熏肉虽然风味独特,但含有亚硝酸盐类物质,可增加人体肿瘤发生的风险。因此,应当少吃或不吃腌制肉和烟熏肉。

4. 小块食用

小份量是食物多样和控制总量的好办法。对于烹制好的大块畜禽肉或鱼,吃肉时最好选择小块的肉食用。比如肉可切成片或丝烹饪,少做大排、红烧肉、红烧鸡腿等。烹制的大块畜禽肉或鱼,吃前最好分成小块再供食用。

三、课堂实践与拓展

(一) 做一做

和父母一起下厨,制作一道"肉菜",并向父母介绍今天学习到的知识。

（二）评一评

表 4-1-2　小学生肉类饮食习惯自我评价表

评价项目	选择内容	夺星结果
你吃肉类的情况	从未吃*	
	偶尔吃一些**	
	天天吃***	
你的饮食类型	完全素食*	
	几乎全是肉(不吃蔬菜水果)**	
	有肉有菜***	

四、扩展阅读

（一）目前我国儿童畜禽肉消费现状

　　近 20 年来，我国儿童肉类消费量逐年增加。2010—2012 中国居民营养与健康状况监测报告显示，我国 6~17 岁儿童平均每人每天畜禽肉的摄入量为 80.3g。男生平均每人每天畜禽肉的摄入量为 84.9g，高于女生的 74.9g，城市儿童畜禽肉的日均摄入量为 90.4g，高于农村儿童的 71.0g。在肉类的选择上，我国儿童以猪肉为主，平均每人每天 52.9g，其次为禽肉（16.8g）。

（二）加工肉制品不等于肉

　　加工肉制品是以肉类作为主要原料，经过进一步加工而制成的产品，如常见的肉松、肉干、香肠等，吃了加工肉制品不等于吃肉。腌腊制品、干制品虽水分减少，蛋白质、脂肪和矿物质的含量升高，但易出现脂肪氧化及 B 族维生素的损失。酱卤制品饱和脂肪酸含量降低，B 族维生素也有所损失，但游离脂肪酸含量升高，营养价值降低。

　　虽然加工肉制品好吃，但是会给我们的身体健康埋下隐患。加工肉制品中添加的防腐剂、增色剂和护色剂等，会加重人体肝脏、肾脏的代谢负担。此外，火腿等加工肉制品大多为高钠食品。大量食用会摄入过多盐分，造成血压波动，损害肾功能。火腿肠等加工肉制品还含有一定量的亚硝酸盐，长期摄入亚硝酸盐，患胃癌的风险增高。应控制其摄入量，尽量食用新鲜畜禽肉类。

第二课　常喝奶身体棒

一、教学目标和重点

指导学生了解奶及奶制品的分类及各自特点,知道奶制品的营养价值,学会分辨常见的饮奶误区,培养学生在日常生活中养成正确喝奶的好习惯。

二、教学内容

(一)常见的奶和奶制品

1. 牛奶从哪儿来

牛奶是由奶牛产出的,奶牛具有泌乳性能,产奶量大,奶牛吃草后经过消化吸收可生成牛奶。现代工厂中牛奶的生产过程,通常为电子化的机械操作。一般要经过挤奶、过滤、冷却储存、巴氏杀菌或超高温灭菌、无菌灌装、装箱、出厂等过程。刚挤出来的牛奶一般称为"原料奶",这类牛奶挤出时可能受到污染,未经过消毒过程,可能携带细菌,直接喝会有腹泻甚至食物中毒的危险,所以刚挤出来的牛奶不能直接喝,要煮沸或经过消毒过程后再饮用。

2. 奶及奶制品的种类及储存

（1）纯牛奶：以生牛乳为原料，经巴氏消毒法或超高温瞬时灭菌法进行杀菌处理后即为纯牛奶。其中巴氏杀菌牛奶存储的最佳温度为2~6℃，保质期较短，饮用时要特别留意是否在保质期内。常温包装的牛奶存放在阴凉处即可，无需冷藏，但一旦打开，也需要密封后冷藏保存，并尽快饮用。

（2）酸奶：以生鲜牛乳或复原乳（奶粉勾兑还原而成的牛奶）为主要原料，添加或不添加辅料，使用保加利亚乳杆菌、嗜热链球菌等菌种发酵制成的产品。酸奶对肠道健康更有益，300g纯牛奶可以与300g酸奶等量替换。在制作过程中，为了调节口味，酸奶中往往会加入糖，因此在购买酸奶时，要注意看酸奶的配料表，注意糖的添加量。酸奶与巴氏杀菌奶一样，通常需要冷藏保存，如果环境温度过高，酸奶中的乳酸菌会失去活性，营养成分会大大降低。

（3）奶粉：以生鲜牛乳为主要原料，添加或不添加辅料，经杀菌、浓缩、喷雾干燥制成的粉状产品。300g纯牛奶相当于37.5g奶粉。奶粉通常放置在室温、避光、干燥、阴凉处储存即可，每次取用后，务必扎紧袋口。

（4）奶酪：以生鲜牛乳或脱脂乳、稀奶油为原料，经杀菌、添加发酵剂和凝乳酶，使蛋白质凝固，排出乳清，制成的固态产品。由于水分的减少，其蛋白质和钙含量比纯牛奶更高，但脂肪含量也更多，同时奶酪在制作过程中会加盐，所以奶酪的含盐量较高，不宜多吃，可以搭配面包或饼干食用。300g牛奶相当于30g奶酪。奶酪容易变质，建议冷冻或冷藏保存。

（二）奶及奶制品的营养价值

奶及奶制品营养成分齐全、组成比例适宜、易消化吸收、营养价值很高。

牛奶中矿物质含量丰富，富含钙、磷、钾、镁、硫、锌等。牛奶中钙含量较高，每 100ml 牛奶的钙含量为 104mg 左右,如果每天饮奶 300ml 以上,就可以获得身体所需 1/3 的钙(9 岁儿童)。同时牛奶中含有促进钙吸收的少量维生素 D 和一定量的乳糖,因此牛奶中钙吸收率高,是人体钙的良好来源,有利于骨骼健康。

奶类的蛋白质含量虽然绝对值不高,只有 3% 左右,但其必需氨基酸比例符合人体需要,属于优质蛋白质,而且容易消化吸收,可增强人体免疫力,促进人体健康。

此外,牛奶含有一定量的乳糖,具有调节胃酸、促进胃肠蠕动和促进消化液分泌的作用,还能促进钙的吸收和肠道乳酸杆菌繁殖,对肠道健康具有重要意义。但乳糖也是造成有些人乳糖不耐受的原因。

普通牛奶都是全脂的,脂肪含量在 3% 左右,以脂肪微球的形式存在,容易消化吸收,也利于促进各种脂溶性维生素的吸收。脱脂或低脂牛奶是人工去除了牛奶中的部分脂肪,低脂牛奶的脂肪含量在 0.5%~1.5%,脱脂牛奶的脂肪含量低于 0.5%。对于正常体形的同学来说,可以喝全脂牛奶,但超重肥胖儿童宜选择脱脂奶或低脂奶。

右图是某种纯牛奶的营养标签,在营养成分表中可以看出,每 100ml 这种牛奶提供蛋白质 3.0g,占每日推荐量的 5%;每 100ml 牛奶提供钙 100mg,占每日推荐量的 13%。

(三) 常见的有关奶及奶制品的误区

1. 乳饮料 = 奶 (✗)

日常生活中,不少人以为乳饮料就是奶,其实不然,可以通过查看预包装食品的配料表和食物成分表,来区分牛奶和乳饮料。

纯牛奶的配料表中只有生牛乳,蛋白质含量一般在 3.0g/100g 以上。调味乳的配料表中除生牛乳以外还有糖或甜味剂,以及香精或其他食品添加剂。乳饮料是以乳或乳制品为原料,添加或不添加其他食品原辅料和 / 或食品添加剂,经加工或发酵制成的产品,配料表中排在首位的是水,蛋白质含量通常为 1.0g/100g 左右,营养价值远低于奶制品。

食品名称	配料	每100ml 主要营养成分	说明
纯牛奶	生牛乳	含蛋白质 3.0g，NRV% 为 3；含钙 100mg，NRV% 为 13	纯牛乳就是纯牛奶，配料除了生牛乳，再无其他
某乳饮料	水 > 生牛乳 > 白砂糖 > 果葡糖浆 > 低聚异麦芽糖 > 乳清蛋白粉 > 食品添加剂	含蛋白质 1.0g，NRV% 为 2；含钙量 50mg，NRV% 为 6	乳饮料是以水为主体，加入一定量的牛奶、糖及其他调味剂调制而成的，主要成分是水

2. 奶茶就是奶 （✕）

奶茶原为中国北方游牧民族的日常饮品，兼具牛奶和茶的双重特点。但现在市面上流行的奶茶很多都是用植脂末、白砂糖、全脂奶粉、茶叶提取物调制的，不含纯牛奶，缺少钙、B 族维生素和维生素 A、维生素 D 等营养素，并且糖和脂肪含量非常高，营养价值较低。同时，奶茶中会加入茶叶提取物或茶粉，含有咖啡因，有些奶茶还会加入咖啡粉，使咖啡因含量增加。因此，学龄儿童要少喝奶茶！

3. 奶片营养价值和鲜牛奶一样 （✕）

奶片是奶粉经过脱水、高温等深加工制成的，加工过程会造成一部分营养成分被破坏。另外，奶片除了含有全脂奶粉，还添加了糖、植脂末、香精和其他食品添加剂。这些添加剂的使用，会使奶粉的相对含量降低，其营养价值也会相应下降。所以奶片的营养价值远不及鲜牛奶。

植脂末是在植物油中加入葡萄糖浆、乳清蛋白粉和食品添加剂等混合拌匀，制作而成的类似牛奶的食品，但实际上不含牛奶或奶油。

4. 奶油可以替代牛奶 （✕）

奶油是以奶和 / 或稀奶油为原料，添加或不添加其他原料、食品添加剂和营养强化剂，经加工制成的脂肪含量不小于 80% 的乳制品。奶油是从牛奶中提取的脂肪成分，颜色偏淡黄色，一般用于制作蛋糕。奶油脂肪含量较高，蛋白质和钙含量很低，过多食用会造成肥胖和心血管疾病等慢性疾病的发生。所以奶油的能量较高，营养价值偏低，要控制食用量，更不能用奶油代替纯牛奶。

（四）饮奶量及饮奶注意事项

《中国居民膳食指南(2016)》建议,学龄儿童每天应摄入 300g 纯牛奶或相当量的奶制品。可以通过早餐或上午加餐饮用一袋牛奶(200~250g),午餐或晚餐后加一杯酸奶(100~125g),这样就能达到每天的饮奶量要求。或者可以用冲调奶粉来代替牛奶或酸奶。按照相同的蛋白质含量折算:100g 鲜牛奶 =100g 酸奶 =12.5g 奶粉 =10g 奶酪。

如果有同学喝牛奶后出现肠鸣、嗳气、腹泻,而没有其他不适症状,这种现象很有可能是因为乳糖不耐受。乳糖不耐受是指因肠道内缺乏消化乳糖的乳糖酶,不能完全消化分解奶类中的乳糖而引起,有的人也会出现腹痛、腹胀等症状。缓解乳糖不耐受,可以选择酸奶、奶酪或低乳糖(碳水化合物)奶来代替纯牛奶;不要空腹喝奶,可以在吃饭时或者饭后 1~2 小时内喝,也可以搭配一些馒头、面包或饼干类的主食;另外,还可以尝试少量多次喝奶,先从少量开始,逐渐增加,直到适应。需要注意的是,对牛奶过敏的人,应避免饮用牛奶。

三、课堂实践与拓展

1. 老师提前准备市售不同种类的牛奶和奶制品。

2. 让同学们根据外包装的营养成分表计算一盒(袋)牛奶或酸奶的营养成分(蛋白质和钙),比较不同奶制品的营养价值高低。

四、扩展阅读

常见市售牛奶的消毒方法

1. 巴氏消毒法

巴氏消毒法是利用较低的温度来杀死牛奶中的致病菌,却又能使奶的营养成分和风味基本保持不变。巴氏消毒法不能有效地杀灭芽孢菌,所以巴氏消毒奶的保质期很短,需要冷藏保存。巴氏消毒法又分成传统巴氏消毒法和高温短时巴氏消毒法。传统巴氏消毒法是将乳加热到 62~65℃,持续 30 分钟,这一方法可杀死各种生长型致病菌,灭菌效率可达 97.3%~99.9%。高温短时巴氏消毒法是将乳于 72~75℃加热 15~16 秒,或于 80~85℃加热 10~15 秒,该法杀菌时间更短,工作效率更高。

2. 超高温灭菌法

超高温灭菌法是将乳于 130~150℃加热 0.5~3 秒,该法既能有效地杀灭乳中所有微生物并钝化酶类,又不至于使乳的营养成分和风味变化很大。故采用该法和无菌包装生产的灭菌乳可以在常温下保存数月。

第三课　甜食要少吃

一、教学目标和重点

指导学生了解甜食有哪些，并掌握添加糖摄入限量及长期大量食用甜食对健康的危害，在日常生活中培养选择少添加糖食物的意识。

二、教学内容

甜食味道可口，可以增加食欲，给人带来心理满足和愉悦感。很多儿童喜欢食用甜食，但长期大量食用甜食，却会带来"甜蜜的负担"。

（一）甜食有哪些

甜食是指用蔗糖、蜂蜜或其他甜味剂加工制作的食物，其特点是含糖多、能量高。常见的甜食主要有糖果、巧克力、冰激凌、甜点、蛋黄派、夹心饼干、果脯、蜜饯等加工食品以及含糖饮料。

巧克力

冰激凌

蛋糕

蜜饯　　　　　　　　奶茶　　　　　　　　含糖饮料

（二）甜食的营养特点

甜食中添加了大量的糖,糖属于碳水化合物,可以为人体的生命活动提供能量。在食品生产和制备过程中被人工添加到食品中的糖及糖浆称为添加糖。添加糖主要包括葡萄糖、白砂糖、红糖、玉米糖浆等。

（三）常吃甜食对健康的危害

1. 龋齿

儿童经常食用甜食,糖类物质和食物残渣会附着在牙齿上,加上不注意刷牙漱口和保持口腔卫生,容易形成牙菌斑,容易患上龋齿。

2. 超重肥胖

长期摄入能量很高的甜食,如果没能通过基础的新陈代谢、学习或运动消耗,多余的能量容易在体内转化成脂肪蓄积,久而久之引起肥胖。

3. 营养不足

甜食除能量高外,其他的营养成分却相对很低,如果长期食用甜食,会在一定程度上抑制食欲,造成其他营养素的摄入不足。而且糖在身体内的代谢需要消耗多种维生素和矿物质,因此常吃糖的儿童更容易出现维生素和钙、钾的缺乏。

（四）如何少吃甜食

《中国居民膳食营养素参考摄入量(2013 版)》中建议,成年人每天摄入添加糖不超过 50g,最好控制在 25g 以下。一般来说,糖供能控制在人体总能量摄入的 10% 以下。而儿童总能量需要量低于成年人,因此,儿童糖的摄入量要低于成年人的推荐摄入量。

生活中,我们可以通过多种方式减少糖的摄入。

1. 拒绝含糖饮料

有研究表明,含糖饮料是我国学龄儿童添加糖的主要来源。一瓶500ml左右的普通含糖饮料的添加糖可达到50g左右。常饮含糖饮料会使儿童口味喜甜,不易养成良好的膳食习惯。因此,儿童应不喝或少喝含糖饮料,多喝白水。

2. 少吃含糖高的食品

儿童应尽量少吃巧克力、糖果、冰激凌、甜点、蛋黄派、夹心饼干等含糖量高的食物,最好别吃果脯、蜜饯,每天摄入的添加糖控制在50g以内。吃完甜食注意刷牙,万一没忍住吃得多了,要加强运动,将多摄入的能量消耗掉。喜欢吃甜食的儿童可以选择新鲜的水果来替代,会更有利于身体健康。在外就餐时,尽量少选含糖多的菜品,如拔丝地瓜、糖醋鱼等。

3. 建立少糖的环境

学校开展多种形式的营养健康教育,减少食堂菜品的用糖量,同时加强对校园内部及周边小卖部的管理,减少含糖饮料的售卖。鼓励家长学习营养知识,在家庭烹饪中不能只照顾口味喜好,也要尽量减少糖的用量,养成良好的饮食习惯。

三、课堂实践与拓展

1. 算一算:这是一瓶500ml的饮料的营养成分表,如果你喝了这瓶饮料,一共摄入了多少克糖,占我们一天糖摄入推荐量的百分之多少?

项目	每100ml	NRV%
能量	190kJ	2%
蛋白质	0g	0%
脂肪	0g	0%
碳水化合物	11.2g	4%
一糖	11.2g	
钠	12mg	1%

四、扩展阅读

1. 糖及添加糖

根据联合国粮农组织（FAO）/世界卫生组织（WHO）的定义，"糖"包括单糖、双糖和糖醇。单糖包括葡萄糖、果糖和半乳糖，它们天然存在于水果、蔬菜和蜂蜜中；双糖包括蔗糖、乳糖和麦芽糖等，食用蔗糖主要是从甘蔗或甜菜中提取，乳糖仅存在于牛奶及奶制品中，麦芽糖存在于小麦、大麦及淀粉的水解物中；糖醇则包括山梨醇、甘露醇和木糖醇等。

添加糖是指在食品生产和制备过程中被人工添加到食品中的糖及糖浆，包括单糖和双糖，不包括食物天然含有的糖（如牛奶中的乳糖及水果中的果糖）。添加糖主要包括葡萄糖、白砂糖、红糖、玉米糖浆等。

2. 含糖饮料

含糖量达到5%以上的饮品称为含糖饮料。多数含糖饮料的糖含量为8%~11%，有的甚至高达13%或以上，例如碳酸饮料、果蔬饮料、乳饮料、茶饮料等。

3. 果脯蜜饯类制品制作工艺

将果蔬类原料经洗涤、去皮、修整和切分等预处理后，浸泡于石灰等稀薄溶液中进行硬化处理。再使用硫化或热处理护色方式，保持果蔬原料原有的色泽。接下来，经过脱气处理，将果蔬原料组织内部的空气排除掉，使其利于糖分的渗入。再经过烫漂处理，除去残留的二氧化硫、硬化剂等，同时软化组织，便于渗糖。接着用糖渍或糖煮的方式进行糖制，这也是果脯蜜饯加工中的主要操作。糖制完成后，湿态蜜饯同糖液一起杀菌封装成成品。干态果脯则需要进行干燥，去除多余水分，糖衣果脯还需要在干燥后上糖衣，经干燥后的蜜饯，再经整形、分级、包装后制成成品。通过高浓度的糖产生的高渗透压糖制的果蔬，析出组织中的大量水分，抑制微生物的生长，从而达到食物保藏的目的。果脯的加工过程使含糖量明显增加，而维生素含量明显下降。

第四课　健康体重

一、教学目标和重点

指导学生认识保持健康体重的重要性和营养不良、超重肥胖的危害,掌握健康体重的判定方法,培养保持健康体重意识。

二、教学内容

(一) 健康体重是营养均衡的表现

儿童正处于生长发育的关键时期,其中最突出的表现就是身高和体重不断增加。身高和体重是客观评价营养和健康状况的重要指标,适宜的身高和体重增加是营养均衡的表现。如果缺乏营养(主要是能量和蛋白质)就可能会导致身高或体重的不足,发生生长迟缓或消瘦;如果摄入的能量过多或者活动不足,则会导致体重过重,发生超重和肥胖。无论体重过轻或者过重都是不健康的表现,会导致疾病发生的风险增加。

(二) 如何判断体重是否健康

判断儿童的体重是正常还是过低、过高需要综合地考虑身高和体重,通常用体重指数(BMI)来判断学龄儿童的体重情况。计算 BMI 前应该准确测量身高和体重;不同年龄、不同性别儿童的判断标准不同(见表 4-4-1)。BMI 的计算公式为:

表 4-4-1　我国 6~17 岁儿童营养状况判别标准

年龄/岁	男生 BMI/(kg·m⁻²)				女生 BMI/(kg·m⁻²)			
	消瘦	正常	超重	肥胖	消瘦	正常	超重	肥胖
6~	≤13.4	13.5~16.7	16.8~18.4	≥18.5	≤13.1	13.2~16.9	17.0~19.1	≥19.2
7~	≤13.9	14.0~17.3	17.4~19.1	≥19.2	≤13.4	13.5~17.1	17.2~18.8	≥18.9
8~	≤14.0	14.1~18.0	18.1~20.2	≥20.3	≤13.6	13.7~18.0	18.1~19.8	≥19.9
9~	≤14.1	14.2~18.8	18.9~21.3	≥21.4	≤13.8	13.9~18.9	19.0~20.9	≥21.0
10~	≤14.4	14.5~19.5	19.6~22.4	≥22.5	≤14.0	14.1~19.9	20.0~22.0	≥22.1
11~	≤14.9	15.0~20.2	20.3~23.5	≥23.6	≤14.3	14.4~21.0	21.1~23.2	≥23.3
12~	≤15.4	15.5~20.9	21.0~24.6	≥24.7	≤14.7	14.8~21.8	21.9~24.4	≥24.5
13~	≤15.9	16.0~21.8	21.9~25.6	≥25.7	≤15.3	15.4~22.5	22.6~25.5	≥25.6
14~	≤16.4	16.5~22.5	22.6~26.3	≥26.4	≤16.0	16.1~22.9	23.0~26.2	≥26.3
15~	≤16.9	17.0~23.0	23.1~26.8	≥26.9	≤16.6	16.7~23.3	23.4~26.8	≥26.9
16~	≤17.3	17.4~23.4	23.5~27.3	≥27.4	≤17.0	17.1~23.6	23.7~27.3	≥27.4
17~	≤17.7	17.8~23.7	23.8~27.7	≥27.8	≤17.2	17.3~23.7	23.8~27.6	≥27.7

参考资料:《学龄儿童青少年营养不良筛查》(WS/T456—2014)、《学生健康检查技术规范》(GB/T 26343—2010)、世界卫生组织(WHO)2007 年"学龄儿童青少年生长参考标准"

$$BMI = \frac{体重(kg)}{身高(m)^2}$$

例1：男生小明的生日是2010年8月4日，调查日期是2020年3月10日，所以小明的年龄是9.6岁，实足年龄为9岁。小明的身高是130.5cm，体重是40.3kg，则小明的BMI为$40.3/1.305^2=23.7kg/m^2$。查询表4-4-1，小明对应的营养状况是肥胖，因此小明属于肥胖。

例2：女生小美的生日是2011年1月2日，调查日期是2020年3月10日，所以小美的年龄是9.2岁，实足年龄为9岁。小美的身高是125.8cm，体重是25.6kg，则小美的BMI为$30.6/1.258^2=16.2kg/m^2$。查询表4-4-1，小美对应的营养状况是正常，因此小美体重情况属于正常。

（三）营养不良的危害

如果长期食物缺乏或膳食中没有包含比例适宜、营养丰富的食物，营养物质的摄入量不能满足正常的生长和发育的需要，就可能会导致身高或体重的不足，造成营养不良，包括生长迟缓和消瘦。

营养不良的儿童不但体重低、身材矮小，运动能力受到影响，而且抵抗力差、容易生病，而且智力发育也可能会受到影响。这些损害可能还会影响儿童日后的劳动能力和生活质量。

（四）超重肥胖的危害

如果摄入的能量过多或者活动不足，则会导致体内脂肪累积过多，体重过重，发生超重和肥胖。

超重肥胖会对儿童健康造成多方面的影响。肥胖儿童可能出现高血压、高血脂、高血糖等代谢异常，导致相关疾病的发生风险增加。肥胖的儿童体形过大，行动不便，跑步速度慢，耐力差，运动能力和体质水平通常低于体重正常的儿童。此外，肥胖的儿童有时候会缺乏自信，影响心理适应能力和人际交往能力。更严重的是，肥胖的儿童容易发展成肥胖的成人，会导致成年期患慢性疾病的风险增加。

（五）如何保持健康的体重增长

儿童应该从小培养对体形的正确认识，保持健康的体重增长，通过合理饮食和积极运动，预防营养不良和超重肥胖的发生。要做到以下几点：

1. 食物多样,营养均衡

谷类为主,适当搭配全谷物、杂豆和薯类。适量吃鱼、禽、瘦肉、蛋类食物。餐餐有蔬菜,每天摄入 300~500g 新鲜蔬菜、半斤左右的新鲜水果。每天喝 300g 的牛奶或吃相当量奶制品,经常吃豆类食物和菌藻类食物。

2. 养成良好的饮食行为

合理安排三餐,定时定量。早餐应包括谷薯类、肉蛋类、奶豆类、果蔬类中的三类及以上。午餐要吃饱吃好,晚餐要清淡一些。不挑食、不偏食,不暴饮暴食,不过度节食。少吃零食,不喝或少喝含糖饮料。少吃油炸食物、甜食和西式快餐。

3. 积极开展身体活动

每天保证至少 60 分钟中等到高强度的身体活动,如舞蹈、跑步、球类运动、跳绳等,尽量在户外活动。将运动生活化,如参加家务劳动、上下学步行等。避免长时间久坐,每坐 1 小时站起来动一动,减少上网课以外的看电视、使用电脑、手机或平板的屏幕时间。

4. 定期测量体重身高并学会判断

儿童应该关注自己的体重变化,隔一段时间测量自己的身高、体重,用判别标准自评体重情况。如一段时间内体重出现较大变化,如由正常变为超重,应随时调整"吃""动",通过合理饮食和积极运动,保持健康的体重增长,预防营养不良和超重肥胖。

三、课堂实践与拓展

(一) 材料准备

身高计、电子体重秤、笔、纸。

(二) 课堂小实验

测量 2 名学生的身高和体重,计算 BMI,判断体重情况。

1. 测量身高

（1）将身高计靠墙置于平整地面上，保证立柱与踏板垂直，滑测板与立柱垂直。

（2）测量前，要脱去鞋、帽，女生要解开影响测量的发辫。

（3）立正站在踏板上，收腹挺胸，两臂自然下垂，脚跟靠拢，脚尖分开约 60°，双膝并拢挺直，头部保持正立，两眼平视正前方，脚跟、臀部、两肩胛骨间三个点同时接触立柱。

（4）测量者手持滑测板轻轻向下滑动，直到底面与颅顶点相接触，读取滑测板底面立柱上所示数字。身高测量以厘米为单位，保留小数点后 1 位。

2. 测量体重

（1）将体重秤放在平整且硬质的地面上。

（2）测量前，脱去鞋、帽、外套，穿着尽量轻薄，取出随身携带的物品如钥匙等。

（3）打开电源，直接站于体重秤上，两脚位置左右对称，身体直立，双臂自然下垂，头部直立，双眼平视。

（4）待读数停止闪烁后，记录读数。体重测量以 kg 为单位，保留小数点后 1 位。

3. 计算 BMI

$$BMI = \frac{体重（kg）}{身高（m）^2}$$

4. 判断体重情况

（三）课后操作

放学后，在家测量自己的身高、体重，计算 BMI 并判定自己的体重情况。根据自己的实际情况，同家长讨论如何保持健康体重。

四、扩展阅读

学龄儿童体格发育的阶段性变化

学龄儿童身高、体重的增长状况能够反映体格发育水平。儿童到成人之前主要分为 3 个阶段：

1. 相对稳定期

青春期以前,身高和体重增长持续而稳定,儿童身高每年约增长 5~7cm,体重增长 2~3kg。

2. 生长突增期

生长突增期又称青春期生长突增,是青春期的首要表现之一,多数女生从 9~10 岁开始、男生从 11~12 岁进入生长突增期。身高从每年增长 5~10cm 开始,逐渐进入突增高峰,在一年内可增长 10~14cm,男生高于女生;体重每年增加 4~7kg,体重突增高峰每年可增长 8~10kg。

3. 生长停滞期

自青春期中后期开始,身高与体重逐渐停止明显增长。

第五课 好营养防近视

一、教学目标和重点

指导学生了解造成近视的原因,了解预防近视的方法,掌握如何通过合理营养保护视力,在日常生活中培养用眼卫生好习惯。

二、教学内容

(一) 近视是什么

当你发现自己看东西时不自觉的眯眼、眨眼、揉眼、歪头、皱眉、斜眼或者凑近时,可能就是近视了。

所谓近视,是指眼球在调节放松状态下,平行光线经眼球屈光系统后聚焦在视网膜之前的一种现象。近视一般表现为远距离视物模糊,近距离视力好。

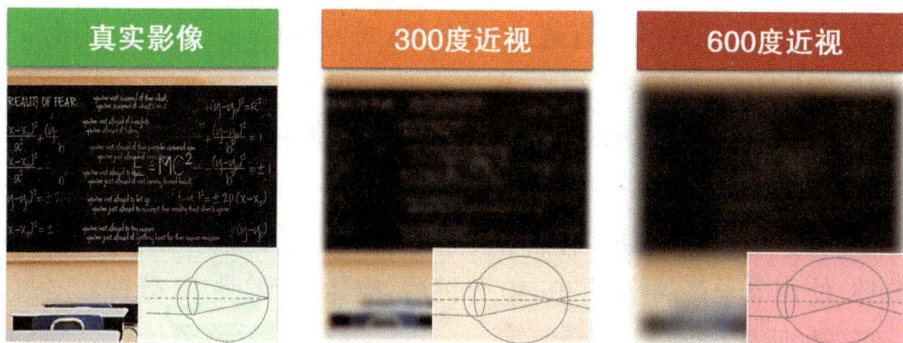

近视度数越高,看远处物体越模糊

（二）如何通过合理饮食来保护视力

多吃富含维生素 A 的食物可预防近视的发生。

维生素 A 最好的来源是各种动物肝脏、牛奶、禽蛋（主要是蛋黄）。每 100g 动物肝脏提供的维生素 A 是人体每日需要量的 2.5 倍以上。蛋黄中的维生素 A 含量比动物肝脏少，但也相当可观，因此我们吃鸡蛋要蛋清蛋黄都吃，不应该因为不喜欢吃而丢弃蛋黄。另外，一些植物性食物也可提供在体内转换成维生素 A 的胡萝卜素。如胡萝卜、菠菜、苜蓿、豌豆苗、芒果和柿子等深绿色或红黄色的蔬菜水果，都是富含胡萝卜素的食物。因此，日常生活中，我们只要一周吃一次动物肝脏，再加上橙黄色蔬菜中胡萝卜素的补充，基本就可以满足对维生素 A 的需要了。

除了维生素 A 以外，DHA、花青素、叶黄素、维生素 C、维生素 E 等多种营养素都对视力健康有益。同学们要改变不良饮食习惯，少喝或不喝含糖饮料，少吃甜食和油炸食品，增加食物多样性，保障各种营养素的摄入。

（三）坚持科学用眼好习惯

1. 加强户外体育锻炼

让孩子到户外阳光下度过更多时间，能够有效预防和控制近视。儿童青少年每天户外活动的时间应达到 120 分钟以上，学校要保证学生课间走出教室，"目"浴阳光，并支持学校上午下午各安排一个 30 分钟的大课间。已患近视的儿童应进一步增加户外活动时间，以延缓近视发展。

2. 避免不良用眼行为，养成健康用眼习惯

（1）保持正确读写姿势，应保持"一尺、一拳、一寸"，即眼睛与书本距离约为一尺、胸前与课桌距离约为一拳、握笔的手指与笔尖距离应约为一寸；

（2）读写连续用眼时间不宜超过 40 分钟，每隔 40 分钟要休息 10 分钟，可远眺或做眼保健操等；

（3）不要在走路时、吃饭时、卧床时、晃动的车厢内、光线暗或阳光直射等情况下看书或使用电子产品；

（4）控制电子产品的使用时间，非学习目的的电子产品单次使用时间不宜超过 15 分钟，使用电子产品学习 30~40 分钟后，应休息、远眺 10 分钟。

3. 坚持做眼保健操

要认真做眼保健操，做眼保健操之前注意保持手部清洁卫生，做操时注意力要集中，闭眼，认真、正确按揉穴位。

4. 定期检查视力,做到早发现早干预

要积极关注自身视力状况,自我感觉视力发生明显变化时,如看不清黑板的字、眼睛经常干涩、经常揉眼等症状,及时告知家长和老师,可交替闭上一只眼睛,以便发现单眼视力不良。

三、课堂实践与拓展

1. 让学生自己开动脑筋,提出爱眼小妙招。

2. 大家闭上眼睛写自己的名字,看看能不能写好,感受视力不好给生活带来的困扰。

四、扩展阅读

(一) 我国儿童近视流行趋势

教育部近期公布的数据显示,2018 年,全国儿童青少年总体近视率为 53.6%。其中,6 岁儿童、小学生、初中生、高中生近视率分别为 14.5%、36.0%、71.6%、81.0%。经分析发现,儿童青少年近视增长最快的年龄阶段就是在小学阶段,2018 年,全国小学一年级近视率为 15.7%,六年级为 59.1%,整个小学阶段增加了 43 个百分比,增长幅度是非常大的。因此,近视预防的关键时期在幼儿园和小学阶段。

(二) 全国爱眼日

党中央、国务院高度重视儿童青少年的近视防控工作,1996 年,卫生部、教育部、团中央、中国残联等 12 个部委联合发出通知,确定每年的 6 月 6 日为"全国爱眼日",并将爱眼日活动列为国家节日之一。自 2016 年起,连续 3 年将"爱眼日"的主题聚焦在儿童青少年近视防控,从养成爱眼习惯、坚持适度户外运动和科学矫正近视 3 个方面开展主题宣传教育。

（三）为什么适当的户外活动可以预防近视

根据屈光成分分类，近视可以分为屈光性近视和轴性近视两类。

屈光性近视主要是由于角膜或晶状体曲率过大或各屈光成分之间组合异常，屈光力超出正常范围，而眼轴长度基本在正常范围。轴性近视是由于眼轴延长，眼轴长度超出正常范围，角膜和晶状体等其他屈光成分基本在正常范围。

适度接受阳光中的紫外线照射，能促进身体产生多巴胺，而多巴胺能有效抑制眼轴的增长，进而减少近视发生；太阳光照射可以促进钙的吸收，钙能使眼球的组成部分之一——巩膜更加坚固，减少眼轴的增长而减少近视发生；户外环境的光照强度大于室内的光照强度，人眼瞳孔缩小，瞳孔缩小会引起视物景深加深，模糊减少，可以看得清楚，有助于延缓近视的发生发展；阳光下的活动基本上是户外的，视物距离较远，很多活动有远近的视物距离切换，有助于眼球的放松，减少近视发生。

第六课 传承饮食文化

一、教学目标和重点

指导学生了解我国的主要菜系及特点,熟悉我国不同节日的代表食物,引导学生在日常生活中参与食物的烹饪与制作,传承和发扬我国传统饮食文化。

二、教学内容

(一) 我国主要菜系

历史上,我国不同地区形成了自己独特的烹调技艺、传统食物和饮食风格,形成了中国饮食文化的区域性。菜系是中国饮食文化区域性的特征性体现。我国传统的八大菜系是指:鲁菜、川菜、粤菜、苏菜、闽菜、浙菜、湘菜、徽菜。其实,随着社会的不断发展,也逐渐形成了一些其他菜系或叫法,比如东北菜、本帮菜、杭帮菜、赣菜、楚菜、京菜、冀菜、豫菜、客家菜、清真菜等菜系。各个菜系都有代表性的菜肴。

苏菜即江苏风味菜,主要特点是选料严谨、制作精致、口味适中、四季分明。烹调方式上重视调汤,保持原汁,浓而不腻。苏菜中比较有名的是"松鼠桂(鳜)鱼",曾经受到乾隆皇帝的夸赞。

川菜速来享有"一菜一格,百菜百味"的声誉,烹调方式也多种多样,有 38 种之多。像麻婆豆腐、宫保鸡丁、鱼香肉丝等菜肴,早已在全国范围内受到欢迎。

鲁菜起源于山东一带,以清、鲜、脆、嫩著称,如今的北京菜具有鲁菜的某些特色。山东菜的主要名菜有糖醋黄河鲤鱼、德州扒鸡等。

粤菜起源于广州,由广州菜、潮州菜、东江菜组成,此外,还有海南地区风味,口味以生、脆、鲜、淡为主。比较有名的粤菜有东江酿豆腐、白切鸡等。

除此以外,其他各个菜系也有闻名全国的菜肴,如湘菜的辣子鸡、闽菜的佛跳墙、徽菜的符离集烧鸡、浙菜的东坡肉等。

(二) 传统节庆食物

中国的传统节日都离不开美食,逢年过节大家都会聚到一起,吃一些节日特色食物,比如水饺、元宵、粽子等,以食物寄托节日情感。当然,还是要有所节制,不要贪吃。

1. 春节(农历正月初一)

年夜饭,指年末除夕的全家聚餐。菜品荤素搭配、丰富多彩,营养也很全面,而且很讲究寓意,以图吉利。中国人的年夜饭是家人的团圆聚餐,是年末最为丰盛、最为重要的晚餐。饺子,是"交子"的谐音词,意为新旧交替,辞旧迎新,吉祥如意,是春节期间家家必不可少的食物。饺子可以有多种馅料,肉馅、素馅、三鲜等,也是一种营养较为全面的食物。

2. 元宵节(农历正月十五)

元宵节吃元宵、吃汤圆,意为团团圆圆、和和美美。元宵和汤圆的皮主要以糯米为主要原料,馅料多是由坚果、糖、动植物油等组成,十分美味但也富含能量,每100g元宵(大概4颗)的热量为1 000~1 400kJ,大概相当于一个成年男性轻体力活动者一天能量需要量的1/8,且不易于消化。因此,吃元宵、吃汤圆一定要控制摄入量,不可贪多。

3. 端午节(农历五月初五)

粽子是由粽叶包裹糯米蒸制而成,是中华民族传统节庆食物之一,民间传说粽子是为祭奠投江的屈原而传承下来。现如今粽子种类繁多,从馅料看,北方有枣粽、豆沙粽等,南方则有绿豆、五花肉、八宝、火腿、冬菇、蛋黄等多种馅料。因此,粽子的能

量也不低，糯米吃多还会导致消化不良，所以也要控制摄入量。

4. 中秋节（农历八月十五）

月饼，寓意团团圆圆。跟粽子有些类似，南北方的月饼馅料也有所不同，比如南咸北甜、南软北硬等。此外，月饼因制作原料为面粉、糖、油等，也需要控制摄入量，避免摄入过多能量。

5. 腊八节（农历腊月初八）

汉族传统节日，民间多流传喝"腊八粥"的风俗。腊八粥的配料较为丰富，制作上略有区别，大致上有大米、小米、薏米、花生、红枣、红豆、莲子、绿豆、芸豆、糯米、核桃仁以及其他谷物或坚果籽类等。腊八粥很好地体现了"粗细搭配"的膳食原则，也是日常膳食的不错选择。

（三）传承和发扬优良饮食文化

我国饮食文化内涵丰富，特别是表现在思想和行为层面的饮食礼仪更充分体现了中华文明的深邃广博。大家不应仅停留在"吃"的表层，而是要注重饮食文化所产生的社会意义。在日常生活、学习中，不仅应该自觉地熟悉甚至掌握如饮食安全与营养、烹饪技巧等饮食科学知识，还应广泛接触、了解各时各地的饮食文化知识，掌握其内涵和意义。每一个中华儿女都要传承和发扬我国传统饮食文化，尊老爱幼，注重饮食礼仪，尽量在家做饭就餐，可以制作一些具有传统饮食特点的菜品，如饺子、面条、年年有鱼等，享受食物与亲情，减少在外就餐和订外卖。另外，珍惜食物，勤俭节约是每一个人都应该努力践行的传统美德，"要知盘中餐,粒粒皆辛苦",我们要从身边做起,从家庭做起,恪守勤俭节约的传统美德。

三、课堂实践与拓展

1. 以下哪个不属于我国传统的八大菜系?
   A. 川菜　　　　B. 京菜　　　　C. 鲁菜　　　　D. 粤菜
2. 请说出你喜欢的传统节日,谈谈这个节日的代表性食物和特点。
3. 调研一家某菜系的餐馆,了解该菜系的主要特点。
4. 根据近期内迎来的传统节日,制作常见的节庆食物。
5. 以"传承饮食文化"为主题,进行一次演讲比赛。

四、扩展阅读

(一) 满汉全席

　　满汉全席是我国一种集合满族和汉族饮食特色和精华的巨型筵席,满族方面以点心为主,菜肴不多,做法也十分简单;而汉菜则品类众多,烹调考究,彼此"争奇斗艳"。满汉全席起源于清朝的宫廷,原为康熙 66 岁大寿的宴席,旨在化解满汉不和,后世沿袭该传统。满汉全席上菜一般 108 种(南菜 54 道和北菜 54 道),分三天吃完,菜式有咸有甜,有荤有素,用料精细,突出展示满族的烧烤、火锅、涮锅等不可或缺的菜点,同时也展示了汉族烹调中炸、炒、扒、熘、烧等特色,可谓中华菜系文化的瑰宝和最高境界。

(二) 腊八蒜变绿的原理

　　腊八节的节庆食物除了常见的腊八粥,还有腊八蒜。腊八蒜,就是将紫皮蒜泡在醋里,低温下腌制一段时间之后,原本白色的大蒜就变成翡翠绿色了,主要在北方地区流行。现在研究表明,腊八蒜并未表现出比普通大蒜的功能不同的地方,所以,大家不要听信吃腊八蒜"抗癌"等的谣言,图个口味和节日气氛就好了。

　　大蒜中天然含有一些含硫化合物、氨基酸和有机酸类物质。这些物质本来是无色的,但在低温和酸性条件下,处于"休眠"状态的大蒜会"苏醒"过来,大蒜中的硫化物、蒜氨酸、蒜氨酸酶等发生反应,参与形成蒜蓝素(硫代亚磺酸脂类),此时大蒜会呈现蓝色。由于蒜蓝素不稳定,会慢慢转变为蒜黄素(丙烯基硫氧化物)。而腌制约 20 天时,刚好处于蒜蓝素和蒜黄素两种色素共存的时候,两种颜色叠加,就呈现出腊八蒜独有的翡翠绿色。

五年级

第一课　微量营养素

一、教学目标和重点

指导学生认识微量营养素,掌握部分矿物质和维生素的主要功能,以及这些矿物质和维生素的主要食物来源。

二、教学内容

(一) 微量营养素

根据人体的需要量和体内含量多少,营养素可分为宏量营养素和微量营养素。人体对宏量营养素的需要量较大,包括前面学习过的碳水化合物、蛋白质和脂类。相对宏量营养素来说,人体对微量营养素的需要量较少,但是却必不可少。微量营养素包括矿物质和维生素两大类。

(二) 矿物质

人体组织中含有自然界的各种元素,其中一些构成人体组织、参与代谢、维持生理功能所必需的元素称为矿物质,如钙、钠、钾、磷、铁、锌、硒、碘等。它们在体内不能合成,必须从食物和水中获取。儿童矿物质缺乏通常是由于摄入不足、食物品种单一、挑食偏食导致的。

1. 钙

钙是人体含量最多的矿物质,是骨骼和牙齿的重要组成部分。人体内的钙有 99% 都集中在骨骼和牙齿中。

儿童如果长期钙和维生素 D 摄入不足可导致骨骼发育迟缓、骨骼变形,而且易患龋齿。儿童处于生长发育的关键时期,需要摄取充足的钙才能保证骨骼健康。

不同食物钙的含量差异较大,牛奶、奶酪、大豆、海带、虾皮、花生、黑芝麻等食物都含有丰富的钙。牛奶可以提供丰富的钙,且钙吸收率高,是儿童增加钙摄入的良好食物来源。

2. 铁

铁是人体血红蛋白的组成成分,帮助维持正常的造血功能,参与体内氧的运送过程,也参与维持人体的免疫功能。

儿童铁缺乏在世界范围内是一个常见营养问题。长期膳食铁供给不足,可引起体内铁缺乏或导致缺铁性贫血。缺铁性贫血的儿童易烦躁,对周围不感兴趣;身体发育受阻,体力下降,容易乏力、头晕,而且注意力不集中,记忆力减退,学习能力下降等。铁缺乏还可导致免疫功能下降,容易发生呼吸道感染。

动物性食物如动物血、肝脏、畜肉瘦肉、禽肉、鱼肉、蛋黄等,含有丰富且易吸收的铁。蔬菜、奶及奶制品中含铁量不高且不容易被吸收。

3. 锌

锌分布于人体所有组织器官中,对于生长发育、蛋白质合成、维持免疫功能等具有重要的作用。儿童如果长期挑食偏食,动物性食物摄入不足,容易发生锌缺乏。

锌缺乏发会导致儿童生长缓慢,发育不良,个子矮小,还会导致食欲下降,免疫力降低等。

锌在食物中广泛存在,但含量差别很大。贝壳类海产品(如海蛎肉、扇贝)、畜肉瘦肉、动物肝脏等动物性食物都是锌的良好来源。蛋类、豆类、花生、燕麦等也富含锌。蔬菜水果类锌的含量较低。

4. 碘

碘是合成甲状腺激素的主要原料。甲状腺激素是人体维持正常生长发育不可缺少的激素,可以促进糖和脂肪的代谢和利用、促进蛋白质合成等,并且对于出生后生长发育特别是智力发育尤为重要。

婴幼儿缺碘可以引起生长发育迟缓、智力低下。但如果长期高碘摄入可以导致高碘性甲状腺肿等问题。

碘主要来源于海产品,如海带、紫菜、鱼虾、贝类等。除海产类以外的陆地上的动物性食物的含碘量高于植物性食物。

(三) 维生素

维生素是维持机体生命活动所必需的一类微量的物质。维生素的种类很多,作用各不相同。大多数维生素不能在机体内合成,必须由食物提供。少数的维生素虽然可以由机体合成,但合成的量并不能完全满足机体的需要,因而仍需从食物中获得。

维生素分为脂溶性维生素和水溶性维生素。脂溶性维生素指不溶于水但溶于脂肪的维生素,包括维生素 A、维生素 D、维生素 E 等。它们常在食物中与脂类共存,吸收也与脂类密切相关。水溶性维生素是指可溶于水的维生素,包括 B 族维生素和维生素 C 等。儿童维生素缺乏比较多见,通常是由食物摄入不足、选择不当导致。脂溶性维生素如长期大剂量摄入会出现中毒症状,不能随意胡乱服用补充剂。

1. 维生素 A

维生素 A 对于维持视觉功能具有重要作用。人进入黑暗的环境时,最初看不清楚东西,经过一段时间后视觉才逐渐恢复,这一过程是暗适应。维生素 A 缺乏会导致暗适应能力下降,严重时会导致夜盲症。维生素 A 缺乏还会引起皮肤干燥、生长发育迟缓,以及免疫能力下降。

动物肝脏的维生素 A 含量最为丰富,鱼肝油、鱼卵、蛋黄、全脂奶中维生素 A 含量也比较丰富。植物性食物只能提供类胡萝卜素,类胡萝卜素可在人体中转化成维生素 A,深绿色或红黄橙色的蔬菜和水果,如西蓝花、菠菜、豌豆苗、辣椒、胡萝卜、芒果、柿子、杏等含有丰富的类胡萝卜素。

2. 维生素 C

维生素 C 是人体需求量最大的维生素之一,是一种很强的抗氧化剂,可以清除体内的自由基,对于许多由自由基引起的疾病如癌症等以及衰老能够起到预防作用。维生素 C 帮助胶原蛋白合成,如果维生素 C 不足,会影响胶原蛋白的合成,导致伤口愈合延迟,以

及不同程度的出血。坏血病就是一种由于维生素 C 缺乏导致牙龈肿胀、全身点状出血的疾病,因此维生素 C 又称为抗坏血酸。维生素 C 还能帮助铁吸收,有助于治疗缺铁性贫血。

维生素 C 主要来源于新鲜蔬菜和水果。一般是叶菜类比根茎类含量多,酸味水果比无酸味的水果含量多。含量比较丰富的蔬菜包括辣椒、荠菜、西蓝花、苋菜、菠菜等。含维生素 C 较多的水果包括刺梨、酸枣、沙棘、柑橘、柠檬等。

烹调蔬菜时应该以急火快炒为宜,可采用淀粉勾芡或加醋烹调以减少维生素 C 损失。

表 5-1-1　富含维生素 C 的食物(以每 100g 可食部计)

食物	维生素 C 含量 /mg	食物	维生素 C 含量 /mg
刺梨	2 585	西蓝花	56
酸枣	900	苋菜	47
沙棘	204	柑橘	35
辣椒	144	菠菜	32
荠菜	72	柠檬	22

参考资料:中国疾病预防控制中心营养与健康所 . 中国食物成分表:标准版 . 6 版 . 北京:北京大学医学出版社,2019.

3. 维生素 D

维生素 D 是一类物质的总称,具有促进小肠对钙的吸收、促进骨骼健康等作用。维生素 D 缺乏可导致肠道吸收钙减少,导致骨骼不能正常钙化,引起骨骼弯曲变形,如幼儿刚学会走路时,形成 X 形腿或 O 形腿,也会影响牙齿发育,容易发生龋齿。缺乏维生素 D 还会出现手、足的肌肉痉挛、小腿抽筋等症状。

维生素 D 可以通过皮肤接受紫外线照射而在体内合成。在某些日照不足、空气污染、皮肤遮挡(或擦防晒霜)等情况下,维生素 D 则必须从膳食中获得。一些海水鱼(如沙丁鱼)、动物肝脏和蛋黄等动物性食物及鱼肝油制剂是维生素 D 良好的食物来源。天然牛奶中的维生素 D 含量较少,但可以通过食用一些强化了维生素 A、维生素 D 的牛奶增加维生素 D 的摄入。

经常晒太阳是人体廉价且充足地获得维生素 D 的最好途径。晒太阳时,要尽量保证户外晒太阳的时间,保证每次晒 15~20 分钟,

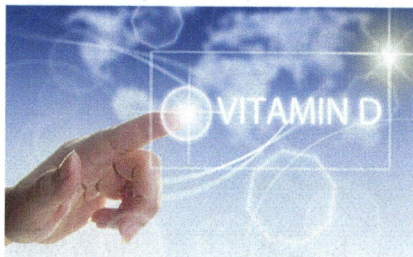

保证前臂、双手、小腿等部位裸露，不要隔着玻璃晒。要注意夏季紫外线强烈，要避开午后晒，晒太阳时间也可适当缩短。冬季则应适当延长接受日照时间。

4. B 族维生素

B 族维生素是一个庞大的家族，包括维生素 B_1、维生素 B_2、烟酸、维生素 B_6、维生素 B_{12}、叶酸等。

维生素 B_1 又称硫胺素，是能量代谢中的关键物质。维生素 B_1 缺乏会损害神经 - 血管系统，导致成人脚气病（与真菌感染的脚气不同），出现指（趾）端麻木、肌肉酸痛、水肿、心动过速等症状。维生素 B_1 广泛存在于天然食物中。含量丰富的食物有谷类、豆类、干果类、动物内脏、瘦肉和蛋类。需要注意的是，米、面碾磨过细会造成维生素 B_1 的大量损失，而全谷物含有丰富的维生素 B_1。高温烹调、过分淘米也会使维生素 B_1 大量损失。

维生素 B_2 又称核黄素，参与机体许多新陈代谢过程。维生素 B_2 缺乏会引起口角炎、皮炎、眼球结膜充血等。维生素 B_2 广泛存在于动植物性食物中。动物性食物较植物性食物含量高。动物肝脏、肾脏、心脏、乳汁及蛋类中含量尤为丰富。植物性食物以绿色蔬菜、豆类含量较高，而谷类含量较少。食物加工过程中加碱，储存和运输过程中日晒及不避光均可导致维生素 B_2 的损失。

三、课堂实践与拓展

（一）做一做

根据课堂上学到的知识，请同学们向家人介绍几种含钙丰富的食物，并在家人的帮助下制定一周补钙食谱，做一顿丰富的补钙大餐，并和老师、同学交流补钙心得。

（二）选一选

1. 宏量营养素不包括哪种？

A. 碳水化合物　　　B. 脂类　　　C. 蛋白质　　　D. 维生素

2. 人体缺铁会引起哪种疾病？

A. 脚气病　　　B. 缺铁性贫血　　　C. 腹泻

3. 身体钙缺乏会导致？（多选）

A. 影响骨骼发育　　　B. 佝偻病　　　C. 骨质疏松

四、扩展阅读

（一）铁与贫血

　　儿童青少年处于长身体的时期，对铁的需求量比一般人群要高，特别是女生青春期出现月经初潮后，每个月由于经血的排出会导致铁的流失，如果不及时补充铁，容易发生缺铁性贫血。而且，有些青少年挑食偏食、不爱吃肉、怕胖节食，容易造成铁的摄入不足。对于生长发育中的青少年来说，最重要和最有效的预防缺铁性贫血的方法就是养成良好的饮食习惯。

　　铁的吸收不仅受生理、营养等因素的影响，其他膳食成分也会影响铁的吸收。蛋白质类食物能够刺激胃酸分泌，促进铁的吸收；维生素C是铁吸收的有效促进因子。铅、铬、锰等矿物质摄入过多会阻碍机体对铁的吸收。

（二）补钙的误区

1. 误区一：骨头汤补钙

骨头中的钙为结合钙，很难分离出来，但钙只有溶解到水里成离子状态才能被人体吸收利用，所以不管是否加醋，不管炖的多烂，从骨头中溶解到汤里的钙都很少。大量喝骨头汤反而会摄入过量的脂肪和胆固醇。

2. 误区二：吃虾皮能补钙

虾皮虽然含钙高，但是每次食用量很低，补钙效果并不好。另外，虾皮本身含盐量很高，如果大量摄入虾皮来补钙，会导致钠盐的摄入量过多，对预防高血压不利。

3. 误区三：喝碳酸饮料对补钙没影响

为了改善口感，饮料中大多含有磷酸盐，而磷酸盐会严重地妨碍钙的吸收，引起钙的流失，损害人的牙齿和骨骼。饮料中的添加糖也不利于钙吸收。所以，对于钙有更多需求的人群，特别是生长发育期的儿童，要严格控制碳酸饮料的摄入。

第二课　油的摄入要适量

一、教学目标和重点

指导学生掌握油对健康的作用以及长期过量食用高油食物对健康的危害，学会阅读包装食品营养标签，辨明哪些食物中油的含量较高，在日常生活中树立油的摄入要适量的意识。

二、教学内容

现在人们对油脂有一定的偏见，认为油脂就是不好的，其实油脂也是身体不可缺少的营养素之一。油脂来源于各种食物，最主要的来源之一就是食用油。

(一) 食用油脂的来源

食用油脂根据其来源和特性不同可分为植物油、动物油脂和油脂制品。

植物油来源于油料作物或其他植物组分，在常温下大多呈液体状态，通常称为"油"，包括花生油、菜籽油、大豆油、玉米油等。

动物油脂来源于动物的脂肪和乳类，在常温下大多呈固体或半固体状态，加热后呈现液体状态，通常称为"脂"，包括猪油、牛油、羊油、鱼油、动物奶油等。不同种类的油脂，因其来源不同，营养成分也各具特点。

花生

油菜花和油菜籽

猪油

黄油

（二）食用油对健康的作用

首先,用食用油烹饪食物可增加风味、丰富口感,使食物更好吃。

另外,油脂作为高能量的食物,是人体重要的能量来源,经过消化吸收后转化为人体内的脂肪。脂肪是人体必需的三大营养素之一,具有重要的生理功能:脂肪能够提供身体必需的脂肪酸,有利于大脑发育;影响身体的免疫力和伤口愈合;能够促进脂溶性维生素如维生素 A 等的吸收;人体内的脂肪能够起到支撑和保护机体器官、缓冲减震、调节体温的作用。

因此,对于正处在生长发育期的儿童,一定量的油脂摄入是必需的。

（三）适量食用,避免危害

油脂的能量密度高,长期过量食用,人体摄入的能量超过消耗的能量,多余的能量转化为脂肪储存于体内,就会引起超重肥胖。而肥胖是多种慢性非传染性疾病的危险因素。

（四）如何科学摄入油

《中国居民膳食指南(2016)》建议 7~11 岁儿童每天摄入烹调油不超过 25g,11 岁以上儿童每天摄入烹调油不超过 30g。油是膳食的重要组成部分,不能不吃,但吃多了却对人体有害,那么,如何科学地食用呢?

1. 我国目前膳食中来源于食用油的脂肪比例较高。要尽量减少烹调油的用量,建议使用控油壶,用油均从控油壶中取,坚持家庭定量用油。在家庭烹饪时选择合理的烹饪方式,多用蒸、煮、炖、焖等方式,减少用油量。动物油中饱和脂肪酸多,应尽量减少动物性油脂的使用数量和频率,或用植物性油代替,建议交替使用不同种类的植物油。

2. 尽量少吃炸薯片、炸薯条等油炸食品,这类食品虽口感好,味道香,但脂肪和热量都很高,而且反复高温油炸的食物还会产生多种对人体有害的物质。

3. 尽量减少在外就餐,如需在外就餐,尽量选择非油炸、用油少的菜品。

4. 限制氢化植物油的摄入。因为氢化植物油含有反式脂肪酸。研究表明,反式脂肪酸的摄入会增加冠心病的发生风险。日常生活中,包装食品添加的植脂末、人造奶油等都含有氢化植物油,营养标签配料表中显示含"部分氢化植物油""起酥油""奶精""植脂末""人造奶油"的,要尽量少吃。

三、课堂实践与拓展

1. 算一算,200g 此种包装食品的脂肪含量是多少?

2. 花生浸泡后切片,用苏丹红染色,观察被染色后的切片,了解花生的含油情况。

3. 学会看食物成分表中的油的含量,了解哪些食品中油的含量较高。

四、扩展阅读

1. 油脂成分的相关定义

脂肪酸是脂类的重要组成成分,根据饱和程度不同,可分为饱和脂肪酸、单不饱和脂肪酸和多不饱和脂肪酸。脂肪酸可以通过膳食获得,部分脂肪酸也可由身体自身合成,而身体无法合成的脂肪酸称为必需脂肪酸。植物脂类含不饱和脂肪酸较多,陆地动物脂类中含饱和脂肪酸较多。食用过多的饱和脂肪对身体健康有害。

反式脂肪酸是种对健康不利的不饱和脂肪酸。氢化植物油是反式脂肪酸最主要的食物来源。所有含有"氢化油"或者使用"氢化油"油炸过的食品都含有反式脂肪酸,如人造黄油、人造奶油、咖啡伴侣、西式糕点、薯片、炸薯条、珍珠奶茶等。反式脂肪酸对健康的危害包括增加患动脉粥样硬化和冠心病的危险,干扰必需脂肪酸的代谢,影响儿童生长发育及神经系统健康。《中国居民膳食营养素参考摄入量(2013)版》提出"我国 2 岁以上儿童和成人膳食中来源于食品工业加工产生的反式脂肪酸的最高限量为膳食总能量的 1%",大约相当于 2g。

动物奶油　　植物奶油

动物奶油是由牛奶中的脂肪分离出来的,

而植物奶油是人工制作而成,以氢化植物油来取代乳脂肪。植物奶油与动物奶油相比,植物奶油颜色偏白。

2. 我国食用油的摄入量

2012 年中国居民营养与健康状况监测结果显示,全国每人日平均食用油的摄入量为 42.1g,超过《中国居民膳食指南(2016)》中每天 25~30g 油的推荐摄入量。

3. 常见食物中脂肪含量

表 5-2-1　常见食物中脂肪含量 [a](每 100g 可食部)

食物	含量 /g	食物	含量 /g	食物	含量 /g
黄油	98.0	芝麻酱	52.7	牛肉干	40.0
奶油	97.0	酱汁肉	50.4	维生素饼干	39.7
酥油	94.4	腊肉(生)	48.8	北京烤鸭	38.4
猪肉(肥)	88.6	马铃薯片(油炸)	48.4	猪肉(肥瘦)	37.0
松子仁	70.6	腊肠	48.3	鸡蛋粉(全蛋粉)	36.2
猪肉(猪脖)	60.5	羊肉干	46.7	咸肉	36.0
猪肉(肋条肉)	59.0	奶皮子	42.9	肉鸡(肥)	35.4
核桃干(胡桃)	58.8	炸素虾	44.4	鸭蛋黄	33.8
鸡蛋黄粉	55.1	香肠	40.7	春卷	33.7
花生酱	53.0	巧克力	40.1	麻花	31.5

a. 杨月欣等,2009。

参考资料:中国营养学会 . 中国居民膳食营养素参考摄入量(2013 版). 北京:科学出版社,2014.

第二课　盐的摄入要适量

一、教学目标和重点

指导学生掌握盐对健康的作用以及长期过量食用高盐食物对健康的危害，并学会阅读包装食品营养标签，辨明哪些食物盐的含量高，在日常生活中树立盐的摄入要适量的意识。

二、教学内容

食盐（主要成分是氯化钠）是食物中咸味的来源，也是膳食最基本的味道。目前，我国居民普遍盐摄入过量。儿童正处于生长发育和饮食习惯养成的关键时期，培养儿童低盐饮食习惯具有特别重要的意义。

（一）盐的主要食物来源

我国居民钠的摄入中 72% 为烹调盐、8% 为酱油等调味品。除了烹调用盐以外，日常生活中，酱类、酱油、鸡精、味精等调味料和某些腌制食品含盐量也很高。一般而言，含盐量超过 30% NRV（营养素参考值）的食品等属于高盐（钠）食品。购买包装食品时，要注意其营养标签中钠的含量，尽量少购买高盐食品。还有一些加工食品，吃起来没有咸味，但在加工过程中都添加了食盐，如挂面、面包、饼干等，这种盐被称为"隐性盐"，是日常生活中容易被忽视的盐。

（二）适量摄入盐的作用

食盐中的钠是人体中钠的主要来源。钠作为人体的必需元素之一，是机体的一个重要的电解质。钠参与调节人体内水分的均衡分布，维持正常血压和体

挂面

面包

饼干

调味料

液的酸碱平衡,增强神经肌肉的兴奋性。人体不能没有盐,但一般成人每天摄入3~5g盐就可满足生理需要。

(三) 适量食用,避免危害

盐摄入的过低或过高都对身体有危害,一般情况下,身体缺钠的情况较少。但在某些情况下,如很久没吃东西,膳食中没有钠的摄入;或由于高温、大量剧烈的运动过量出汗,胃肠道疾病,反复呕吐,腹泻等丢失过量钠。因此在发生以上情况时要注意适量补盐。

更为常见的是,长期过量摄入盐与心血管疾病、脑卒中、胃肠道肿瘤等疾病有关。我国高血压患病率高与盐摄入过高密切相关。儿童期口味偏"重",会影响一生的饮食习惯。研究发现,儿童时期钠的过量摄入对成年后的血压有一定的影响。因此要尽量降低食盐摄入,从小培养清淡饮食习惯。《中国居民膳食指南(2016)》建议 7~11 岁儿童每天摄入盐不超过 4g,11 岁以上儿童每天摄入盐不超过 5g。

(四) 生活中如何做到适量吃盐

小贴士
1g 钠 =2.5g 食盐

既然盐的适量摄入如此重要,那么在日常生活中怎样做才能适量用盐呢?

1. 日常烹饪菜品时用限盐勺从盐罐中定量取用,坚持家庭定量用盐。

2. 选择低盐调味品如低钠盐、低盐酱油等,减少味精、鸡精、豆瓣酱、沙拉酱和调料包的用量。

3. 在外就餐很容易摄入过量的盐,尽量减少在外就餐。如需在外就餐,主动要求餐馆少放盐,尽量选择低盐菜品;尽量选择新鲜的肉类、海鲜和蛋类;少吃咸菜、酱制食物等含盐量高的食物。

4. 学会阅读营养标签,能够换算包装食品的食物成分表上盐的含量,平时尽量选择盐含量少的食品。一般来说,超过 30%NRV(营养素参考值)的食品需要少买少吃。少吃榨菜、熟食肉类、午餐肉、香肠和罐头食品等含盐量高的包装食物。

5. 学校食堂也应尽量给学生提供清淡口味的菜品。学生如果发现菜品口味偏咸,可向学校老师反映要求减少用盐。儿童应多向家长宣传盐摄入过量的危害,在生活中与家长一起践行"减盐"饮食,多享用新鲜食材的本味,逐渐养成清淡口味的饮食习惯。

三、课堂实践与拓展

利用所学知识,与家长一起制作一份清淡又美味的菜肴,并拍照片参加评比。

四、扩展阅读

1. 我国居民盐的摄入量

2012 年中国居民营养与健康状况监测结果显示。全国每人日平均食用盐摄入量为 10.5g,超过《中国居民膳食指南(2016)》中盐摄入限量 5g 的要求。

2. 食盐与钠的换算

食盐与钠的换算关系为:食盐(g)= 钠(g)× 2.54

由食盐量换算为钠量的公式为:钠(mg)= 食盐(mg)× 0.393

如以下 1 份包装食品的盐含量计算公式为:

食盐(g)=0.772(g)× 2.54

营 养 成 分 表		
项目	每份*	NRV%
能量	90千焦	1%
蛋白质	0.4克	1%
脂肪	1.9克	3%
碳水化物	0.7克	0%
钠	772毫克	39%

*每份为10.7克　每份为1人份量。每块为3份，可依具体情况酌情增减

第三课　吃动平衡促健康

一、教学目标与重点

指导学生了解吃动平衡的概念以及吃动平衡对健康的意义,掌握合理饮食和天天运动的基本原则,培养吃动平衡的生活方式。

二、教学内容

(一)吃动平衡的概念

食物摄入量和身体活动是保持能量平衡维持健康体重的两个主要因素。我们平常所说的"吃动平衡",指的就是饮食和运动的平衡,即合理饮食、适量运动,从食物的摄入和身体活动两方面来保持机体能量平衡,维持健康体重,保障学龄儿童身心健康。

对于学龄儿童,能量主要用来满足维持基本的生命活动、基础代谢(即在清晨而又极端安静的状态下,不受精神紧张、肌肉活动、食物和环境因素影响的能量消耗)、身体活动、食物热效应(在人体摄食后对营养素的一系列消化、吸收、转化过程所引起的能量消耗)和生长发育的能量需要,其中身体活动约占人体能量总消耗的15%~20%。

吃动平衡的主要目的是维持健康体重。当能量摄入与能量消耗达到平衡时,体重就会维持在一个正常范围之内;如果吃得过多或者活动不足,多余的能量就会在体内以脂肪的形式积存下来,体重就会超出正常范围,导致超重肥胖,增加

许多慢性疾病的发生风险;相反,若吃得过少或活动过多,就会由于能量摄入不足或者能量消耗过多引起体重过低或者消瘦,影响身体健康。

(二) 如何做到吃动平衡

学龄儿童要在保证满足身体营养需要的同时做到食不过量,并且进行积极运动。

1. 食不过量

食不过量主要是指每天吃的各种食物提供的能量,不超过也不低于人体所需要的能量。学龄儿童处于生长发育的关键时期,对能量和各种营养素的需要量较高,食欲也会比较旺盛。但如果不加节制,能量摄入远超过能量消耗,则会造成超重肥胖。所以要做到食不过量,既要保证能量平衡也要保持营养素平衡。

(1) 食物多样化

小分量选择:"小份"是实现食物多样化的关键措施,同等能量的一份午餐,可增加食物种类。

同类食物互换:例如今天吃米饭,明天可以吃面条,而后天又可以食用小米粥、全麦馒头等;又如红薯、马铃薯可以换着吃;瘦猪肉可与鸡、鸭、牛、羊肉等互换;牛奶可与酸奶、奶酪、羊奶等互换。

粗细搭配:主食应注意增加全谷物和杂豆类食物,例如大米与全谷物稻米,杂粮以及杂豆搭配食用。

荤素搭配:动、植物性食物搭配食用,提供各类营养成分的同时还可以改善菜肴的色、香、味。

(2) 定时定量进餐

三餐定时定量可以避免由于过度饥饿导致在吃饭时进食过量。早餐应安排在早上 6:30—8:30,午餐时间在 11:30—13:30,晚餐时间在 18:00—20:00,两餐间隔 4~6 小时。吃饭时要细嚼慢咽,进餐时间不要过长或者过短,早餐一般为 15~20 分钟,午餐和晚餐一般 30 分钟左右。避免吃饭速度过快,无意间增加进食量。

(3) 控制分量

不论在家或者在外就餐,都提倡分餐制,根据个人的生理条件和身体活动量,进行标准化配餐和

定量分配,控制分量。

(4) 阅读标签

学会看包装食品外包装上的"营养成分表",选择低能量、低脂肪、低糖食品。一些能量较高、维生素矿物质等营养素含量低的食物,如甜食、饮料、油炸食品、薯片等要少吃。

2. 保证足量的运动

在能量消耗的几个主要部分中,身体活动是唯一能自我调节的能量消耗,因此必须充分认识到运动的重要性,才能达到吃动平衡。

学龄儿童必须认识到身体活动是一个保持健康的重要因素,而不是浪费时间;运动是每天必需的生活内容之一,它不仅能促进健康还能愉悦心情。将运动列入每天的时间表,培养运动的意识和习惯,有计划安排运动,随时随地进行,达到每天建议的运动量。寻找和培养自己感兴趣的运动方式,并多样结合,持之以恒,把天天运动变为习惯。

(1) 充足的运动

首先学龄儿童要充分利用在校期间体育课、课间活动等时间,多在户外阳光下活动。其次,在日常生活中,也应培养积极的生活方式。如可以做些力所能及的家务劳动,上下楼时可以用爬楼梯代替乘坐电梯,上下学时可以提前一站下车选择步行一段路程等。放学以后和周末尽量多到户外活动,培养运动习惯。

学龄儿童应每天进行累计至少60分钟中等到高强度的身体活动,每次最好10分钟以上,要以有氧运动为主。每周至少进行3次高强度的身体活动(如长跑,游泳、打篮球等),3次抗阻力运动(如伏地挺身、仰卧起坐及引体向上等)和骨质增强型运动。做到运动强度、形式以及部位的多样化,合理安排有氧和无氧运动、关节柔韧性活动、躯干和四肢大肌肉群的抗阻力训练、身体平衡和协调性练习等。同时,注意运动姿势的正确性,以及低、中和高强身体活动之间的过渡环节。运动前做好充分的准备活动,避免空腹运动,饭后一小时再进行运动,运动后注意补充水分。

运动应保证安全,根据天气和身体情况调整当天的运动量;每次进行中高强度的运动前应进行热身运动,强度应逐渐增加;运动后不要立即停止活动,运动后应逐渐放松;日照强烈出汗多时适当补充水和盐;步行、跑步应选择安全平整的道路,穿合适的鞋袜;运动中出现持续加重的不适感觉时,应及时就医。

(2) 减少久坐

减少久坐时间或者静态行为。久坐时间或者静态行为是指除了睡觉长时间

坐着或躺着,包括长时间坐着上课、写作业、使用电脑、看电视等坐着(或躺着)的形式。久坐只消耗很少的能量,且身体各个部分得不到活动。所以,建议学龄儿童不要久坐不运动,静坐超过 1 小时,可以站起来做一做伸展运动或健身操等。学龄儿童看电视、电脑、Pad、手机等屏幕的时间每天不要超过 2 小时,而且是越少越好。

另外,学龄儿童还应该关注自己的体重,每隔一段时间在早晨空腹时测量自己的体重,监测体重变化,根据体重的变化随时调整"吃"和"动"的平衡。

三、课堂实践与拓展

1. 课堂实践

请你回忆一下昨天一天吃的东西、运动的时间、静坐时间、视屏(包括手机、电脑、电视、Pad 等)时间,并且根据所学知识估计自己是否达到了吃动平衡?

2. 拓展活动

周末选择一个时间,将今天所学的知识讲给家里人听,让家里人帮助你在接下来的一周根据所学内容进行合理饮食和运动,一周结束,跟同学们交流这一周的感受以及关于吃动平衡的理解。

四、扩展阅读

身体活动对儿童健康的益处

促进骨骼健康:学龄儿童在身体活动过程中,由于血液循环加速,使正处于发育时期的骨组织的血液供应得到改善,加速骨构建过程;同时,骨所承受的压力和张力对骨和骺软骨板的生长起到积极的刺激作用,使骨结构发生良好的改变,并促进骺软骨板的增生,加速骨的生长。

促进肌肉力量的增长:身体活动对学龄儿童的肌肉力量增长有显著作用。无论儿童、青春期前或青春期早期的青少年,每周 2~3 次的抗阻运动都能明显提高肌肉力量,对生长发育不会产生负面影响。这种促进作用没有性别差异。

提高心肺功能：有氧运动可以使儿童的血液循环和呼吸系统得到充分、有效的刺激，提高心肺功能，从而让全身各组织、器官得到良好的氧气和营养供应，维持最佳的功能状态。学龄儿童在进行运动时，呼吸频率、呼气量、心率和每搏输出量增加，可有效地促进心肺健康。

有益心理健康：充足的身体活动，尤其是户外活动可促进学龄儿童心理健康，减少紧张、抑郁等负面情绪；同时，可使学龄儿童增加自信心和社会适应能力。

提高智力：学龄儿童正处于生长发育阶段，经常参加体育活动可以提高学龄儿童的注意力、记忆力以及反应能力，进而提高其学习能力和学习效率。

第四课　预防食物中毒

一、教学目标和重点

指导学生了解食物中毒的定义和分类,掌握预防食物中毒的基本方法,培养饮食卫生好习惯。

二、教学内容

(一) 什么是食物中毒

食物中毒是指由于食用了含有生物性、化学性有毒有害物质的食品或者把有毒有害物质当作食品摄入后出现的非传染性急性、亚急性疾病。食物中毒是食源性疾病中最常见的一类。

食物中毒具有几个特点:

一是发病潜伏期短,食用食物后几分钟到几个小时就会发病,发病急、来势凶;

二是食物中毒的症状大都相似,一般以恶心、呕吐、腹泻、腹痛等胃肠道症状为主;

三是发病均与食物有关,同食者同发病;

四是食物中毒一般不具有传染性。

另外,我们要注意区分食物中毒与急性胃肠炎两种疾病,这两种疾病原因不同,症状和患病的严重程度也不同。急性胃肠炎由暴饮暴食、不洁饮食等引起,发病没有那么急,但呕吐、腹泻等更为严重,多伴有发热、头痛等临床症状。

（二）食物中毒的分类

食物中毒可分为细菌性食物中毒、真菌及其毒素食物中毒、有毒动物中毒、有毒植物中毒、化学性食物中毒。

1. 细菌性食物中毒

细菌性食物中毒是最常见的食物中毒，是指食用了被致病细菌或者致病细菌产生的毒素污染的食物导致的中毒。例如吃剩的凉拌菜、熟肉制品或者奶制品，如果储存不当，都会导致致病细菌的污染，食用这样的食物就会发生细菌性食物中毒。

2. 真菌及其毒素食物中毒

在温暖潮湿的环境下，有些食物容易被真菌污染，一旦食用，会导致中毒。例如发霉的甘蔗、玉米、谷物等，都属于受到真菌污染的食物，不应食用。

3. 有毒动物中毒

有一种鱼类叫做河豚（鲀），肉质鲜美，但其体内含有致命毒素（河豚毒素），毒性是剧毒氰化钠的 1 000 多倍。如果自行捕捞、食用，很容易导致中毒。我国目前仅有红鳍东方鲀、暗纹东方鲀两种河豚可养殖；即使食用这两种河豚，也必须由专业人员严格执行特定程序加工制熟。此外，有些不新鲜的鱼类含有一种容易导致过敏的物质（组胺），食用后会引起中毒反应。因此，我们应该吃新鲜安全的水产品。

4. 有毒植物中毒

蘑菇是野外常见的有毒植物之一，野外有很多蘑菇都含有毒素，我们应当选购常见的蘑菇品种食用，野外自采的蘑菇不应随意品尝食用。发芽的土豆含有毒性成分龙葵素，可引起溶血反应，造成运动和呼吸中枢麻痹，大量食用这种土豆可引起急性中毒。

5. 化学性食物中毒

误食含有有毒化学物质的食物容易导致中毒，例如如果食用了农药残留超标的蔬菜和水果，可能会导致化学性食物中毒，比如有机磷农药中毒。此外，亚硝酸盐中毒、重金属中毒、甲醇中毒等也较为常见。

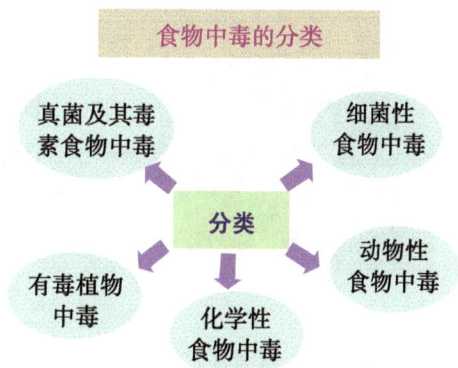

食物中毒的分类

真菌及其毒素食物中毒　细菌性食物中毒　分类　动物性食物中毒　有毒植物中毒　化学性食物中毒

（三）如何预防食物中毒

预防食物中毒，需要处处留心。首先要在家庭、学校用餐中做好"功课"，养成良好个人卫生习惯，注意餐前便后洗手，不喝生水、不吃不洁食物，以降低"病从口入"的风险。此外，外出就餐时也应该加强防范意识。以下几个主要环节应该予以重点关注：

1. 选购食材，安全储存。

选择正规超市和农贸市场，选购新鲜、卫生的食材。食物储存要得当，保持安全的贮存温度。学会识别发芽土豆、发霉食物、毒蘑菇、有毒河豚以及贝类等，警惕误食有毒有害物质引起中毒。

发芽土豆

毒蘑菇

2. 餐具的使用和清洁

制作食物时要注意清洁卫生，切配、盛放生熟食品的刀具、砧板、其他厨具和餐饮具要分开并及时清洗。

3. 加工、烹调、再储存

食物加工时要注意生熟分开，食物要洗净并烧熟煮透才能食用；加工后的成品、半成品以及原料要分开存放避免交叉污染。此外要合理使用冰箱，不过度依赖冰箱，放入冰箱的剩菜剩饭再次食用前要充分加热，并确认无变质后方可食用。

4. 外出就餐和在家订外卖

外出就餐时，应选择有合法资质（食品经营许可证），卫生状况良好，就餐环境整洁的餐饮服务

合理使用冰箱储存食物

单位就餐。如需网络订餐,应选择合法的商家,收到餐品检查没有问题后尽快食用。

三、课堂实践与拓展

1. 按照病因,食物中毒可分为哪几类?(多选)
  A. 细菌性食物中毒　　　　B. 真菌及其毒素食物中毒
  C. 有毒动植物中毒　　　　D. 化学性食物中毒
2. 请谈谈如何从身边做起,预防食物中毒?
3. 寻找家中可能会导致食物中毒的食物或相关危险因素。
4. 以"预防食物中毒从我做起"为话题,进行一次班会讨论。

四、扩展阅读

食品安全五要点

正确制备食物可以预防大部分食源性疾病(包括食物中毒)的发生。

食品安全五要点是由世界卫生组织(WHO)提出的、在各国公认有效且普遍实施的食品安全风险防范措施,对规范食品生产经营、指导家庭烹制食物具有重要意义。五要点主要包括保持清洁、生熟分开、做熟食物、保持食物的安全温度、使用安全的水和原材料等五方面内容,通过这些措施来预防食源性疾病。此外,WHO还针对中国提出建议:对根块类蔬菜和水果要彻底削皮,对叶菜和水果要用安全的水浸洗。五要点具体内容包括:

1. 保持清洁

餐前便后要洗手,洗净双手再下厨。饮食用具勤清洗,昆虫老鼠要驱除。

2. 食物生熟分开

生熟食品定要分,切莫混杂共保存。刀砧容器各归各,避免污染惹病生。

3. 食物要烧熟煮透

肉禽蛋品要煮熟,贪吃生鲜是糊涂。虫卵病菌需杀尽,再度加热也要足。

4. 安全存放食物

熟食常温难久藏,食毕及时进冰箱。食前仍需加温煮,冰箱不是保险箱。

5. 材料安全

饮食用水要达标,菜果新鲜仔细挑。保质期过不再吃,莫为省钱把病招。

第五课　坚果好吃要适量

一、教学目标和重点

指导学生认识常见的坚果，知道坚果的营养价值及对健康的影响，培养学生在生活中养成正确吃坚果的习惯。

二、教学内容

(一) 常见的坚果

裹着坚硬外壳的植物种子即为坚果。这些果实外有硬壳，可食部分多为种子的子叶或胚乳部分，整体含水量很低。

按照脂肪含量的不同，坚果可以分为油籽类坚果和淀粉类坚果。油籽类坚果的油脂含量比较高，包括核桃、榛子、杏仁、扁桃仁、腰果、花生、葵花子、西瓜子、南瓜子等。淀粉类坚果的淀粉含量较高，脂肪较低，包括栗子、莲子等。

按照其植物学来源不同，坚果又可分为木本坚果和草本坚果两类。木本坚果包括核桃、榛子、杏仁、巴旦木、松子、腰果、栗子、澳洲坚果等。草本坚果包括花生、葵花子、西瓜子、南瓜子、莲子等。

核桃

腰果

花生

葵花子

（二）坚果的营养特点和对健康的影响

坚果中脂肪含量很高，可有 44%~70%，富含不饱和脂肪酸。

坚果的蛋白质含量也较高，是植物性蛋白质的重要补充来源，但其消化吸收率较低；如果与谷薯类、或禽畜肉类等食物一起食用，可以发挥蛋白质互补作用，提高营养价值。

坚果是维生素 E 和 B 族维生素的良好来源。无论国产杏仁，还是国外的杏仁，均是维生素 B_2 的良好来源，而维生素 B_2 可以预防皮肤黏膜的炎症反应，如口腔溃疡、唇炎、脂溢性皮炎等。

坚果富含钾、镁、磷、钙、铁、锌、铜等矿物质，是多种矿物质的良好来源。如花生富含钾和钙，葵花籽富含锌和铁，杏仁和榛子含有较丰富的钙，巴西坚果富含硒，开心果富含碘。

表 5-5-1　每 10g 坚果果仁所含的能量和主要营养素

	花生(鲜)	核桃(干)	腰果(熟)	葵花子(生)
能量 /kcal	31.3	64.6	61.5	60.9
蛋白质 /g	1.2	1.49	2.4	2.39
脂肪 /g	2.54	5.88	5.09	4.99
维生素 E/mg	0.29	4.32	0.67	3.45
钾 /mg	39.0	38.5	68.0	56.2

参考资料:中国疾病预防控制中心营养与食品安全所.中国食物成分表.2版.北京:北京大学医学出版社,2009.

(三) 吃好坚果

适量吃坚果对预防慢性疾病非常有益,可以降低血脂,预防心血管疾病,降低糖尿病的发生风险。但也要控制坚果的食用量,做到食不过量,避免摄入过多的脂肪和能量。

1. 坚果的食用量

坚果属于高能量食物,其能量应该计入一日三餐的总能量中。由于其脂肪含量高,若不知不觉中摄入过多,易导致能量摄入过剩,所以应该适量摄入。《中国居民膳食指南(2016)》推荐,平均每周摄入坚果 50~70g,以果仁计算,平均每天10g,如果摄入过多,应减少一日三餐的饮食总能量。

2. 吃坚果的注意事项

(1) 坚果的多样烹调

坚果可作为零食直接食用,可以生吃或炒熟了吃,也可以烹饪后入菜,如西芹炒腰果、腰果虾仁等,还可以和大豆、杂粮等一起做成五谷杂粮粥。此外,坚果还常被制成坚果酱、坚果油,如杏仁油、芝麻酱等,也可以制成蛋白质饮料,如核桃乳、杏仁露等。但坚果酱或坚果油脂肪含量较高,坚果饮料含糖量高、营养价值低,所以要少吃此类坚果制品。

(2) 吃原味坚果

在吃坚果时,要首选原味的新鲜坚果。调味的坚果会含有较多的盐分和香料,对健康无益;而坚果本身能量很高,油炸后的坚果不但会损失很多营养素,并且油炸会产生更多能量,不利于身体健康。

(3) 吃新鲜坚果

不吃有"哈喇味"的坚果。

坚果放久了,一打开会有一股难闻的气味,这就是我们常说的"哈喇味",它是坚果中的油脂在氧气、日光、水分、温度的作用下,发生氧化、酸败产生的异味,对健康不利。

不吃发霉变质的坚果。

坚果霉变后会产生黄曲霉毒素,这是一种致癌物,所以吃到霉味、变苦、辛辣味的坚果要吐掉,并及时漱口。新鲜的花生外壳通常是土黄色或白色,果仁呈粉色,色泽均匀、颗粒饱满、形态完整、大小均匀,味道微甜,无异味。而变质的花生外壳灰暗或变黑,果仁颜色变深,有虫蚀、生芽或破碎颗粒,尝起来有霉味、辣味、苦涩味或其他不良味道,不能再食用。

(4) 坚果过敏

有人在吃了坚果后会出现皮肤瘙痒或口中有金属味、舌头肿痛、呼吸困难、吞咽困难、腹部不适、消化不良等症状,这是坚果过敏的表现。最容易引起过敏的坚果有花生、腰果、杏仁等,坚果过敏往往终身发病。个别人对坚果有过敏反应,第一次吃某种坚果最好不要多吃,可先吃一两粒后停十几分钟,一旦出现坚果过敏,应立即就医,以后严禁食用这类坚果。

三、课堂实践与拓展

1. 请老师或同学们提前准备常吃的坚果的图片或实物。

2. 课堂小实验:

小实验:坚果脂肪含量较高(3~4分钟)

操作过程:

(1)剥几颗熟花生,将剥好的花生米放到白纸上。

(2)再用一张白纸盖到花生米上面。

(3)用课本或铅笔盒压在上面,用力挤压,白纸上会留下淡黄色、半透明状的油渍。

教师讲解:花生等坚果中的脂肪含量较高,市面上常见的花生油、葵花籽油都是用它们作为榨油的原材料。同学们也不能多吃,每天一小把的量就够了。

四、扩展阅读

（一）常吃坚果可降低心脏病发病风险

有医生将坚果比作"天然的保健胶囊"，这是因为有大量研究表明，每周食用5次适量的坚果，如榛子、腰果、开心果等，可将患心脏病的发病风险降低20%，可能是由于坚果中的不饱和脂肪酸、纤维、维生素E和叶酸等营养成分，以及钙、钾、镁等矿物质。同时还有研究发现，适当的坚果摄入与减轻体重和降低肥胖率有关联，这可能是因为坚果可以增加饱腹感，从而减少不健康零食的摄入。坚果摄入过多也不好，每天的最佳摄入量是一只手掌可握起的坚果量。

（二）吃核桃真能补脑吗

核桃因为长得像人体的大脑，市面上经常会有"吃核桃补脑"这样一种说法。那么，吃核桃真的能补脑吗？

人的大脑是非常复杂的，不同年龄段"补脑"的定义也是不同的。青少年时期，补脑是指促进脑细胞的发育。一般认为，DHA（二十六碳六烯酸）与人类大脑发育相关。核桃的中 α- 亚麻酸含量比较多，而 α- 亚麻酸是 DHA 的前体，可以间接补充 DHA。但是，并不能因为核桃中含 α- 亚麻酸比较多就认为核桃直接促进脑发育，要知道，自然界中含 α- 亚麻酸和 DHA 的食物并不少，因此，营养均衡、食物多样的饮食更重要。

第六课　学会看营养成分表

一、教学目标和重点

指导学生了解营养成分表包含的主要信息,学会查看预包装食品的营养成分表,并根据营养成分表判断食物营养价值,培养日常生活中查看预包装食品营养成分表的习惯,树立选择健康预包装食品的理念。

二、教学内容

(一) 什么是预包装食品

预包装食品是指预先定量包装或者制作在包装材料和容器中的食品。通常我们在超市或小卖部看到的各种袋装、灌装和瓶装的食品都属于预包装食品。

(二) 什么是营养标签,主要包含哪几部分

在正规的预包装食品包装袋的背面,我们都会看到一个表格,叫做"营养成分表"。营养成分表是国家规定预包装食品包装袋上必须标注的内容,其作用主要是告诉我们这个食品主要营养素的含量,见表5-6-1。

表5-6-1　某品牌高纤消化饼干营养成分表

项目	每100g	营养素参考值 百分比(NRV%)	项目	每100g	营养素参考值 百分比(NRV%)
能量	2 032kJ	24%	碳水化合物	56.9g	19%
蛋白质	9.3g	16%	膳食纤维	7.2g	29%
脂肪	24.5g	41%	钠	154mg	8%

营养成分表一般包含三列：

第一列是主要营养成分的名称，我国强制标示的核心营养素有蛋白质、脂肪、碳水化合物和钠这四类重要营养素以及能量，我们通常称之为"4+1"；

第二列是能量和四类营养素的含量，这里一般会标注每100g或者每100ml食物中的营养成分的含量。例如图5-6-1中，蛋白质一行后面写着9.3g，意思是，每100g饼干中含有9.3g蛋白质。如果这个食品的净含量是200g，那么，我们把这袋食品全吃了，就等于摄入了18.6g的蛋白质。

第三列一般标注为NRV%，是指上述营养成分占营养素参考值的百分比。这里需要首先了解"营养素参考值（NRV）"的概念，营养素参考值（NRV）是指健康成人每天该营养素的推荐摄入量，是食品营养标签上用来比较食品营养素含量多少的参考标准，也为消费者选择食品提供了营养参照尺度。例如，表5-6-1这种饼干所含蛋白质的NRV%为16%，其含义是我们吃100g该食品，就可以获得相当于成人每日推荐蛋白质摄入量的16%。

（三）如何根据营养成分表合理选择预包装食品

了解了预包装食品的营养成分表包含的主要信息，我们就要学会在购买食品前，查看一下营养成分表，通过简单的计算和对比选择相对健康的预包装食品。

看营养成分表，我们首先要关注"能量"这一列，应选择一些低能量的食品，也就是能量的NRV%低的食品。如表5-6-1中所示，每100g饼干所提供的能量为2 032kJ（约合484cal），占营养素参考值的24%，如果我们吃掉100g的饼干，已经摄入了大约1/4推荐量的能量，那么这一天我们再摄入其他高能量食物，很可能导致总能量摄入超标。除了关注总能量以外，对于不同种类的食物，我们关注的重点也不同，例如，乳制品或者肉制品，我们要特别关注蛋白质的含量；对于薯片、蛋糕等油炸食品以及一些坚果类食品，要特别关注脂肪和能量的含量；对于面包、饼干等主食类食物，以及饮料、冰激凌、巧克力等高糖食物应重点关注碳水化合物和能量的含量。

另外，有些食品的营养成分表具有一定迷惑性，例如，表5-6-2是某品牌薯片的营养成分表，该营养成分表标注的所有营养素并不是"每100g"的量，而是"每份"的量，每份为30g，这包薯片总共75g。如果我们把一包薯片都吃完，我们所摄入的脂肪并不是营养成分表中标注的9.6g，而是要做一个简单的计算，75（g）÷30（g）×9.6=24（g），我们摄入的脂肪占全天摄入量的百分比也不是表中标注的16%，而是40%。因此，我们根据营养成分表选择预包装食品时，不光要看营养成分表，还要结合食物净含量来选择，例如我们可以有意识的选择一些小包装的食品,这样来把握自己的食用总量。

表 5-6-2　关注营养成分表中的"份"

营养成分表

每份食用量:30g

项目	每份	营养素参考值百分比
能量	662kJ	8%
蛋白质	1.7g	3%
脂肪	9.6g	16%
碳水化合物	15.9g	5%
膳食纤维	1.0g	4%
钠	154mg	8%

每份 30 克,脂肪 NRV% 为 16%,每包 75 克,脂肪摄入为 40%

三、课堂实践与拓展

学一学:这是一包方便面和一包挂面的营养成分表,试着比较一下,哪种食物更健康,为什么?

某方便面营养成分表

项目	每100g	营养素参考值百分比
能量	1 806kJ	22%
蛋白质	10.6g	18%
脂肪	14.3g	24%
碳水化合物	64.5g	22%
钠	2 350mg	118%

某挂面营养成分表

项目	每100g	营养素参考值百分比
能量	1 448kJ	17%
蛋白质	11.0g	18%
脂肪	1.5g	3%
碳水化合物	70.0g	23%
钠	1 200mg	60%

四、扩展阅读

了解食品添加剂和非法添加物

食品添加剂是为改善食品品质和色、香、味以及为防腐、保鲜和加工工艺的需要而加入食品中的人工合成的或者天然的物质。例如,我们常常在预包装食品配料表中见到的苯甲酸、山梨酸钾等属于防腐剂,苋菜红、β-胡萝卜素等属于着色剂,糖精钠(糖精)、甜蜜素、阿斯巴甜等属于甜味剂,这些食品添加剂只要严格按照国家标准添加,不超量,是不会对人体造成损害的。

　　非法添加物是指除食品主辅原料、食品添加剂以外的其他添加到食品中的物质,比如苏丹红、三聚氰胺、吊白块等,在食品中使用就属于非法添加,无论用量多少,对人体都是有害的。因此,要买正规的包装食品。

六年级

第一课　端好餐盘

一、教学目标和重点

指导学生掌握如何根据自身的情况,合理安排自己一天的饮食。

二、教学内容

端好餐盘,是指从食物的量和种类上计划好每天的餐盘,从而达到合理营养,平衡膳食的目的。学生应结合自身的营养需要,了解怎样科学的搭配自己的餐盘。端好餐盘,要注意以下几点。

(一) 三餐定时定量,品种多样

为满足身体对能量和营养素的需要,一日三餐要定时定量,种类丰富,营养充足。

两顿饭之间应间隔 4~6 小时,保证食物充分的消化吸收。每顿饭要定量,不宜一次吃得太多或太少。对于学龄儿童来说,早餐要吃好,午餐要吃饱,晚餐要适量。早餐、中餐和晚餐提供的能量分别占全天的 25%~30%、30%~40% 和 30%~35%,早餐至少要吃到三类食物。

三餐食物种类要做到多样化。主食要有谷薯类,搭配的菜有畜禽鱼蛋类,各类新鲜的蔬菜水果和豆干、豆腐脑等豆类食物,再配合饮用奶、豆浆等。每天坚持摄入奶或奶制品300g及以上,可以选择鲜奶、酸奶或奶酪。每天少量多次饮水,不要等渴了才喝,11~13 岁男生每天要饮水 1 300ml,女生 1 100ml。少吃含能量、脂肪、食盐或添加糖较高的食品或饮料。不用甜食或零食代替正餐,不用水果代替蔬菜或蔬菜代替水果,不用果汁代替水果。

(二) 吃好早餐

儿童要做到每天吃早餐,早餐时间一般在早上 7:00—8:00,早餐的食物量相当于全天食物量的 1/4~1/3,也就是早餐的食物量要与晚餐的基本相当或者略低一点。

为保证早餐的营养充足,合理的早餐最好包括以下四类食物:

1. 谷薯类

米饭、馒头、面包、面条、红薯等;

2. 畜禽鱼蛋类

猪肉、牛肉、鸡蛋、鸡肉、鱼肉、鸡蛋等;

3. 奶豆类

牛奶、酸奶、豆浆、豆腐脑等;

4. 新鲜蔬菜水果

西红柿、菠菜、黄瓜、苹果、橘子等。

(三) 午餐吃饱

经过一上午的学习和活动,需要及时补充能量和营养,同时也为下午的学习和活动提供营养保障,因此午餐是一天中最重要的一餐,起到承上启下的作用。午餐时间一般应在 12 点左右,午餐也要像早餐一样,各类食物都吃一些,保证各类营养素的充分摄入,并且一定要吃饱,保证摄入足够的食物量。

(四) 晚餐适量

晚餐是一天中的最后一餐,晚餐提供的能量能满足晚上学习和睡眠的需要即可,大多数的学生晚饭后活动量较少,消耗能量也减少,因此不宜吃的过饱,也不宜吃得过晚,以免增加消化系统的负担。

晚餐时间一般应在 6:00—8:00,同时,晚餐应尽量吃些清淡、易消化的食物。但也不能忽视晚餐的重要性,还是要保证食物种类的丰富,不能为了减肥不吃或随便吃些面条、粥或是上顿的剩饭。

（五）合理选择零食

零食是指一日三餐之外吃的所有食物和饮料,不包括水。零食不是必须吃的,但是如果三餐摄入的食物和营养素不够时,可以选择少量食用一些干净卫生、营养价值高、正餐中不易包含的食物,在两顿正餐之间食用,作为日常饮食的有益补充。

零食可选择如坚果、新鲜水果、奶类、大豆及其制品、薯类等食物。没有生产日期、无质量合格证或生产厂家信息的食品,以及油炸、含盐或添加糖高的食品不宜作为零食。另外,吃零食的量不宜过多,吃饭前、后30分钟,以及睡觉前30分钟不宜吃零食,零食不应影响正餐。

（六）食物互换,膳食平衡

一天三餐中摄入食物种类可以根据实际情况或需要进行互换,每餐食物之间可以在种类上互补,同一类食物也可以互换,从而增加主食和菜肴的丰富性。例如大米可与面粉或杂粮互换,大豆可与相当量的豆制品互换,猪瘦肉可与等量的鸡、鸭、牛、羊肉互换等。

六年级学生的一日三餐食谱举例

早餐	牛奶一杯250ml、杂粮粥一碗(杂粮30g)、烧饼50g、煮蛋1个、黄瓜西红柿100g
上午加餐	10颗花生
午餐	米饭一小碗(大米50g)、红薯50g、红烧鸡腿50g、芹菜胡萝卜炒豆干(芹菜100g、胡萝卜50g、豆干50g)、清炒西蓝花100g
下午加餐	水果250g
晚餐	面条100g、玉米50g、香菇炒油菜100g、清蒸鱼50g
晚上加餐	酸奶100g
提示	培养清淡饮食习惯 每天饮水1 000~1 500ml,尽量喝白开水,不喝含糖饮料 吃动平衡:鼓励户外运动,每天进行60分钟活动,如快跑、骑车、体操、爬楼梯、快走上学等

三、课堂实践与拓展

课程前一天布置作业,让学生准备一日三餐的照片或图画,第二天上课来在课堂上进行统一点评。

四、扩展阅读

1. 学龄儿童轻体力活动的能量需要量

不同年龄轻体力活动的能量需要量

人群分类	儿童青少年		
	7~10 岁	11~13 岁	14~17 岁
能量需要量	1 350~1 800kcal/d	1 800~2 050kcal/d	2 000~2 500kcal/d

参考资料：中国营养学会. 中国居民膳食指南（2016）. 北京：人民卫生出版社，2016.

2. 学龄儿童各类食物建议摄入量

学龄儿童各类食物建议摄入量

食物类别	7 岁 ~	11 岁 ~	14~17 岁
谷类 /(g·d^{-1})	150~200	225~250	250~300
——全谷物和杂豆 /(g·d^{-1})	30~70		50~100
薯类 /(g·d^{-1})	25~50		50~100
蔬菜类 /(g·d^{-1})	300	400~450	450~500
水果类 /(g·d^{-1})	150~200	200~300	300~350
禽畜肉 /(g·d^{-1})	40	50	50~70
水产品 /(g·d^{-1})	40	50	50~75
蛋类 /(g·d^{-1})	25~40	40~50	50
奶及奶制品 /(g·d^{-1})	300	300~500	300
大豆(g·周$^{-1}$)	105	105	105~175
坚果(g·周$^{-1}$)	50	50~70	
盐 /(g·d^{-1})	<4	<5	
油 /(g·d^{-1})	20~25	25~30	
水 /(ml·d^{-1})	800~1 000	1 100~1 300	1 200~1 400

能量需要量水平计算，按照 7 岁 ~（1 400~1 600kcal/d），11 岁 ~（1 800~2 000kcal/d），14 岁 ~（2 000~2 400kcal/d）

参考资料：中国营养学会. 中国居民膳食指南（2016）. 北京：人民卫生出版社，2016.

第二课　饮料不能代替水

一、教学目标和重点

指导学生掌握不同年龄的儿童每天推荐饮水量以及长期大量喝含糖饮料的危害，了解常见饮料的分类，在日常生活中学会辨别含糖饮料。

二、教学内容

水是人体的重要组成成分，约占一个健康成年人体重的 60%~70%。水是生命之源，我们每天都要摄入大量水来补充身体所需，但是很多儿童认为白开水清淡无味，更愿意饮用各种甜味饮料，有的甚至完全用饮料代替水，这种做法是非常不正确的。我们要了解饮料对身体的危害，更要学会如何正确饮水。

（一）水的重要性

水参与人体的新陈代谢，不仅协助营养素在体内的运送，也帮助将身体产生的废物如尿液和粪便排出体外。水有调节体温的作用，高温时可以通过水分的蒸发来降低体温。水还可以起到润滑作用，如在人体的关节、胸腔、腹腔和胃肠道等部位的水分，对这些部位的关节、器官和肌肉等起到润滑和缓冲的保护作用。饮水不足或失水过多，均可引起体内失水。对于儿童来说，饮水不足损害其认知能力，影响学习效率，还会对体能产生负面影响。

（二）饮料不是水

1. 什么是含糖饮料

含糖饮料是指含糖量达到 5% 以上的饮品。多数含糖饮料的糖含量在 8%~11%，有的甚至高达 13% 以上。一瓶 500ml 左右的含糖饮料中的添加糖就达到 50g 左右。饮用含糖饮料时，很容易在不知不觉中就摄入超过 50g 添加糖的限量。

2. 几类常见含糖饮料的成分和含糖量

常见的含糖饮料因加入原料和制作工艺的不同，分为以下几类：

（1）果蔬饮料是水中加入一些果汁等，可以补充少量的水溶性维生素、矿物质和膳食纤维，但含糖比较多，还含有各种食品添加剂。

（2）含乳饮料是在水中加了一些牛奶，营养价值远低于鲜奶，不能代替牛奶。

（3）茶饮料是用浸泡茶叶或在水中加入茶粉后再加入食品添加剂制成的饮料。

（4）碳酸饮料是在水中加入糖、香精、色素，并压入二氧化碳制成的饮料。

3. 含糖饮料对健康的危害

过多的饮用含糖饮料，会损害牙釉质，牙齿表面形成类似酸蚀样孔隙，最终引起龋齿。因此，喝完饮料后要注意漱口，保持口腔卫生。长期大量饮用含糖饮料，会摄入过多的碳水化合物，使多余的能量在体内转化成脂肪蓄积，增加肥胖的发生风险。长期大量饮用碳酸饮料还会影响矿物质吸收，影响儿童骨骼健康。

（三）如何饮水

1. 白开水最好

日常生活中，应该喝什么水呢？答案是煮沸后自然冷却的白开水是最好的。自来水煮沸后，既能灭菌，又能使过高硬度的水质得到改善，还能保持水中的某些矿物质不受损失。温度适宜的白开水不仅解渴，还容易被身体吸收，促进新陈代谢，调节体温。所以说，白开水是最符合人体需要、最健康、最经济的饮品。

要注意一定不能喝生水。生水是指没有经过充分消毒和过滤的水，如河水、湖水或自来水管直接流出来的水。这些生水可能含有对人体有害的微生物，直接饮用容易引起胃肠炎或寄生虫感染等疾病。

2. 每天喝多少水

人体对水的需要量主要受年龄、身体活动、环境温度等因素的影响。一般情况下,每人每日最少饮水 1 200ml。儿童正处在长身体的时候,一定要多喝水,通常情况下,建议 6 岁儿童每天饮水 800ml,7~10 岁儿童每天饮水 1 000ml;11~13 岁男生每天饮水 1 300ml,女生每天饮水 1 100ml。在天气炎热或运动量较大,出汗很多的情况下,可以适当增加饮水量。

喝水要做到少量多次,不要等到口渴了才一下子喝很多水。早晨起床后,可以先喝一杯温开水,补充前一天晚上丢失的水分。运动过程中要及时饮水。

三、课堂实践与拓展

根据不同饮料的食物成分表计算比较各饮料的含糖量。(食物成分表中不含膳食纤维的饮料计算碳水化合物含量即为含糖量)

四、扩展阅读

1. 饮水误区——纯净水不能喝

一些自媒体如微信和科普书上常常见到这样的说法:纯净水中的矿物质被过滤掉了,经常饮用可导致身体无机盐缺乏等。需要注意的是,饮水主要是为了补充身体的水分,所以,日常生活中所说的白水,如白开水、矿泉水、矿物质水、纯净水都可以作为饮用水的来源。而白开水因其健康、经济、环保,含有少量的矿物质,是饮用水的最佳选择。

2. 路边小摊的彩色饮料

市面上售卖的饮料五花八门,除了正规厂家生产、正规包装的饮料外,还有很多彩色饮料。这些色彩鲜艳的饮料,基本上都是用添加剂勾兑的。这些饮料除了水,多含有色素、香精、柠檬酸等食品添加剂。这些饮料不但营养价值很低,其制作过程也非常不卫生,对健康极为不利。因此,应该尽量不喝路边小摊或小卖部卖的彩色饮料。

第三课　超重肥胖

一、教学目标和重点

指导学生了解超重肥胖的原因和危害,掌握超重肥胖的预防控制方法。

二、教学内容

(一) 超重肥胖的定义

如今在生活中,我们见到的超重肥胖儿童越来越多,差不多每五到六个儿童里就有一个是超重肥胖的儿童。

超重是指体内脂肪累积过多,可能造成健康损害的一种肥胖前的状态。而肥胖是指由多种因素引起、因摄入的能量超过消耗的能量,导致体内脂肪累积过多,达到危害健康的一种慢性疾病。值得注意的是,肥胖是一种疾病。儿童超重和肥胖通常采用分年龄、分性别的体重指数(BMI)判定(表6-3-1)。

此外,腰围是一个很好的评价脂肪在腹部蓄积程度的指标,近年来越来越多地被用来筛查中心性肥胖(脂肪在腹部蓄积)的程度。与全身性肥胖(脂肪在全身匀称分布、大腿和臀部堆积较多)相比,中心性肥胖的人更容易患心血管疾病、代谢性疾病等肥胖相关性疾病。不同年龄、性别的儿童腰围也有不同的标准(表6-3-2)。当儿童的腰围高于同年龄同性别第90百分位数(P_{90})时,称为高腰围。

(二) 肥胖的危害

儿童肥胖不但可以影响机体多个系统的健康,还会产生心理行为问题,更严重的后果是,儿童期肥胖和相关的健康危害可持续至成人期。

表 6-3-1　我国 6~17 岁儿童营养状况判别标准

年龄/岁	男生 BMI/(kg·m⁻²)				女生 BMI/(kg·m⁻²)			
	消瘦	正常	超重	肥胖	消瘦	正常	超重	肥胖
6~	≤13.4	13.5~16.7	16.8~18.4	≥18.5	≤13.1	13.2~16.9	17.0~19.1	≥19.2
7~	≤13.9	14.0~17.3	17.4~19.1	≥19.2	≤13.4	13.5~17.1	17.2~18.8	≥18.9
8~	≤14.0	14.1~18.0	18.1~20.2	≥20.3	≤13.6	13.7~18.0	18.1~19.8	≥19.9
9~	≤14.1	14.2~18.8	18.9~21.3	≥21.4	≤13.8	13.9~18.9	19.0~20.9	≥21.0
10~	≤14.4	14.5~19.5	19.6~22.4	≥22.5	≤14.0	14.1~19.9	20.0~22.0	≥22.1
11~	≤14.9	15.0~20.2	20.3~23.5	≥23.6	≤14.3	14.4~21.0	21.1~23.2	≥23.3
12~	≤15.4	15.5~20.9	21.0~24.6	≥24.7	≤14.7	14.8~21.8	21.9~24.4	≥24.5
13~	≤15.9	16.0~21.8	21.9~25.6	≥25.7	≤15.3	15.4~22.5	22.6~25.5	≥25.6
14~	≤16.4	16.5~22.5	22.6~26.3	≥26.4	≤16.0	16.1~22.9	23.0~26.2	≥26.3
15~	≤16.9	17.0~23.0	23.1~26.8	≥26.9	≤16.6	16.7~23.3	23.4~26.8	≥26.9
16~	≤17.3	17.4~23.4	23.5~27.3	≥27.4	≤17.0	17.1~23.6	23.7~27.3	≥27.4
17~	≤17.7	17.8~23.7	23.8~27.7	≥27.8	≤17.2	17.3~23.7	23.8~27.6	≥27.7

参考资料《学龄儿童青少年营养不良筛查》(WST 456—2014)、《学生健康检查技术规范》(GB/T 26343—2010)、世界卫生组织(WHO)2007 年"学龄儿童青少年生长参考标准"。

表 6-3-2　我国 7~18 岁儿童腰围界值点

年龄 / 岁	男生腰围 / cm		女生腰围 / cm	
	P₇₅	P₉₀	P₇₅	P₉₀
7~	58.4	63.6	55.8	60.2
8~	60.8	66.8	57.6	62.5
9~	63.4	70.0	59.8	65.1
10~	65.9	73.1	62.2	67.8
11~	68.1	75.6	64.6	70.4
12~	69.8	77.4	66.8	72.6
13~	71.3	78.6	68.5	74.0
14~	72.6	79.6	69.6	74.9
15~	73.8	80.5	70.4	75.5
16~	74.8	81.3	70.9	75.8
17~	75.7	82.1	71.2	76.0
18~	76.8	83.0	71.3	76.1

参考资料：我国《7~18 岁儿童青少年高腰围筛查界值》（WS/T 611—2018）。

P_{75} 界值点为儿童正常腰围界值点，P_{90} 界值点为高腰围界值点。

1. 增加儿童慢性病患病风险

肥胖本身是一种疾病，与体重正常的儿童相比，肥胖的儿童发生血脂异常、高血压、2 型糖尿病、心血管疾病等相关慢性疾病的风险大大增加。肥胖的儿童还可能发生睡眠呼吸障碍，也更容易患脂肪肝。

2. 影响运动及骨骼健康

影响儿童的运动能力，造成耐力、柔韧性等身体素质明显下降，同时肥胖给骨骼肌肉带来过大压力，可以导致关节、骨骼及肌肉的损伤。

3. 引起心理危害

肥胖的儿童由于体形臃肿，运动能力较低，经常表现出自卑、自信心不足，他们不能积极主动的参与集体活动，因而影响他们在学校的表现和社会交往能力，甚至对其心理健康有长期的影响。

4. 增加成年期慢性病患病风险

肥胖的儿童容易发展成肥胖的成人，与肥胖相关的不健康的行为和生活方式容易延续到成年期，会导致相关成人慢性疾病（如血脂异常、高血压、2 型糖尿

病、心血管疾病等）的过早发生。

（三）肥胖发生的原因

人体内的代谢就像一个天平，一侧是能量摄入，主要来自食物；一侧是能量消耗，主要包括生命活动、生长发育、身体活动等。当能量摄入的过多而消耗不足时，多余的能量将以脂肪的形式储存在体内，长期累积下来，就会发生超重肥胖。

1. 遗传因素

遗传因素是肥胖发生的内在基础。研究发现，父母都肥胖的儿童发生肥胖的风险高于父母都不肥胖的儿童。

2. 环境因素

尽管遗传因素在肥胖发生中有一定的作用，但更多的是包括行为、生活方式和环境因素等因素在内的共同作用，导致儿童超重肥胖问题不断加重。不合理的膳食结构如肉类摄入过多、蔬菜水果摄入过少，食物环境的改变如高脂肪、高糖食物的生产供应增加，不良的饮食行为如不吃早餐、经常喝含糖饮料、吃西式快餐等均可导致能量的过量摄入，引起肥胖。而课外活动时间少、上下学坐车等身体活动减少，写作业、使用电脑、平板、手机等静态活动时间增加，均会导致儿童能量消耗少，长期会造成脂肪堆积，导致肥胖。

3. 社会因素

电视、媒体中大量高脂、高糖的食物广告宣传，以及我国传统文化中胖被认为是富有、身份和福气的象征，这些社会和文化因素影响家长的食物购买以及喂养观念，增加肥胖发生的风险。

（四）超重肥胖的预防和控制

1. 体重正常儿童如何预防超重肥胖

所有儿童都应该正确认识肥胖，学习营养健康知识，平衡膳食，减少脂肪的摄入量和摄入比例，培养良好的饮食习惯，有意识地多进行身体活动和锻炼，关注自己的体重变化，预防体重增长过多、过快。

（1）做到平衡膳食

平衡膳食需要满足儿童正常生长发育需要和维持健康。做到食物多样，谷类为主,粗细搭配,保证鱼、禽、瘦肉、奶类、豆类和蔬菜摄入。在控制总能量摄入的同时,保证蛋白质、维生素、矿物质供应充足。

(2) 养成良好的饮食行为

良好的饮食行为是控制体重、降低肥胖相关疾病发生风险的关键。一日三餐,定时定量,早餐要吃好,晚餐不要吃得太饱,要控制进食量,不暴饮暴食。少喝或不喝含糖饮料,少吃油炸食品、甜食和西式快餐等高能量食物。合理选择和食用零食,不要边看电视边吃零食。

(3) 坚持充足身体活动

充分利用体育课和课间,保证每天在校达到 60 分钟的体育活动时间,尽量在户外活动。培养运动兴趣,参加中等或高等强度运动,如跳绳、跑步、快走、打球、游泳等。课余时间多做身体活动,如做家务、爬楼梯、走路上下学。减少久坐时间,每坐 60 分钟起来活动一次,每天看手机、看电脑等视屏时间不要超过 2 小时,时间越少越好。

2. 超重肥胖的儿童如何控制体重

对于超重肥胖的儿童,需要维持其体重在适当范围,控制过度增加。通过饮食调整、身体活动指导和行为矫正综合干预,减少或消除引起并发症发生的危险因素。不主张盲目的采取药物或手术治疗,已出现并发症的应由临床医生诊断和处理。

(1) 调整饮食

对于年龄小、轻度肥胖的儿童,应选择能量较低、蛋白质等营养素含量较高的健康食物,多吃粗杂粮和富含膳食纤维的食物,放慢进食速度,少吃能量含量高且营养单一的食物(如点心、冰激凌、糖果、巧克力),少吃油炸食品和西式快餐,喝白开水,不喝含糖饮料。

对于中度至重度肥胖的儿童,应由专业人员根据能量推荐量来计算、控制能量摄入,限制能量高的食物和饮料的摄入,并矫正不良饮食行为。应当同时监测体重变化,减缓体重增加速度。一定不能盲目节食和盲目降低能量摄入。

(2) 身体活动指导

应在调整饮食的基础上,配合身体活动来控制体重。鼓励肥胖的儿童多参加力所能及的运动。中等强度的身体活动如果持续时间长,能够比短时的高等强度身体活动消耗更多的能量;有氧运动如快走、慢跑、跳绳、打球、游泳等,对于减轻体重更有效。也可以由专业人员根据儿童的能量摄入和体重情况来设计活动的形式和时长,至少保证每天运动,每天的总时间达到 60 分钟。运动应该循序渐进,例如开始运动的时间可以是每天 30 分钟,两周后逐渐增加至 60 分钟。

(3)行为矫正

提高家长对肥胖的认识,由专业人员、家长和孩子一起根据具体情况制定目标,包括短期行为改变计划和长期体重控制目标,如不喝含糖饮料、不吃油炸食品、每天运动至少 30 分钟(最好达到 1 小时)、每天看电视时间不超过 1 个小时等。儿童和家长应对矫正过程中的行为情况、体重变化进行记录。

(4)心理疏导

肥胖的儿童比较害羞和自卑,需要对他们进行心理教育,让他们了解肥胖是可以预防和控制的,帮助他们正视自我,自觉控制饮食,积极锻炼,消除因肥胖产生的不良心态。增强其自信,鼓励他们多参加集体活动,在其取得进步时给予表扬。

三、课堂实践与拓展

课堂练习

放学后,在家测量自己的身高、体重,计算 BMI 并判定自己的体重情况。根据自己的情况,制定一套包括饮食和运动在内的预防或改善超重肥胖的具体计划。

四、扩展阅读

(一) 我国学龄儿童超重肥胖流行现状

20 世纪 80 年代,我国儿童的超重肥胖率还处在一个较低水平,近 30 年来,无论是我国还是在全球范围内,儿童超重肥胖都在以惊人的速度增长。

2017 年,我国 6~17 岁学龄儿童超重肥胖合计为 19%,男生高于女生,城市高于农村,但农村儿童超重肥胖的增长速度明显快于城市儿童。十年间,城市儿童超重率增加了 30%,肥胖率增加了 70%,农村 7~17 岁儿童的超重率增加了 160%,肥胖率增加了 260%。

虽然我国儿童的超重肥胖率低于欧美发达国家,但由于我国人口数巨大,肥胖儿童的人数是惊人的,因此,需要及时给予重视,采取防控措施。

(二)《儿童肥胖预防与控制指南(2021)》

为推动我国儿童肥胖防治工作,控制儿童超重肥胖率增长,2021 年《儿童肥胖预防与控制指南》修订委员会发布了《儿童肥胖预防与控制指南(2021)》。

指南说明了如何筛查儿童的一般性肥胖和中心性肥胖,强调对胎儿期、婴儿期、学龄前期和青春期要进行重点筛查,鼓励自查。对生长缓慢、性发育明显提前和落后、营养不良及营养过剩的儿童应增加监测的频率,每 3~6 个月 1 次,必要时做临床检查,以便及时对症治疗。

指南建议肥胖的预防与控制需要从正常体重儿童、从孕期做起。母亲孕期维持孕期适宜增重,坚持 6 月龄内纯母乳喂养,满 6 月龄起添加辅食。2 岁以后,儿童要做到规律进餐且每日吃早餐,多在家就餐、少在外就餐;食物品种多份量小,合理选择零食,不喝含糖饮料,足量饮水。同时,保持足量的身体活动,减少静态活动,限制视屏时间,多户外活动。维持适宜睡眠,形成规律作息习惯。对于超重肥胖儿童,控制和治疗是重点,须在专业人员指导

下进行。

指南强调儿童肥胖防控的支持性环境的重要性。家庭建立健康食物环境，父母以身作则，鼓励和支持儿童建立良好行为习惯。学校及幼儿园开展营养健康教育，保证儿童充足身体活动，并提供健康食物。创建有利于选择健康食物和促进身体活动的社区环境。建设支持性社会文化环境和政策环境。

（三）儿童腰围的测量方法

腰围是指腋中线肋弓下缘和髂嵴连线中点的水平位置处的体围周长。儿童采用无弹性的腰围尺测定腰围，腰围尺长度为 1.5m、宽度为 1cm、最小分度值为 0.1cm。测量方法如下：

1. 要求被测儿童取站立位，两眼平视前方，自然均匀呼吸，腹部放松，两臂自然下垂，双足并拢，露出腹部皮肤，测量时平缓呼吸，不要收腹或屏气。

2. 标记点在双侧腋中线上，以肋弓下缘和髂嵴上缘连线中点位置为测量平面；12 岁以下儿童以脐上 2cm 为测量平面。

3. 测量者立于被测者正前方，尺身有按钮一面向上轻轻按住，将软尺贴住皮肤，用右手将皮尺下缘通过身体两侧的标记点，水平围绕身体一周，并扣在尺身上。测量者目光与腰围尺刻度在同一水平面上，并正视腰围尺外侧，在被测者平静呼气末读取腰围尺外侧读数。

第四课 拒绝饮酒

一、教学目标和重点

指导学生掌握未成年人饮酒对健康的危害,学习拒绝饮酒的技巧,做到不饮酒。

二、教学内容

我国有着悠久的饮酒文化,饮酒不仅是逢年过节的庆祝方式,也成为了很多人日常聚餐时放松休闲、沟通感情的方式。有的家长认为饮酒是孩子进入社会的必需技能,让孩子从小饮酒,其实这是非常错误的做法。《中国居民膳食指南(2016)》与《中国学龄儿童膳食指南(2016)》中均明确指出,未成年人不能饮酒,包括酒精饮料。学会拒绝饮酒,先从了解"什么是酒"开始。

(一) 酒的种类和特点

我们通常所说的酒是指酒精度在 0.5%vol 以上的饮品。酒精度指酒中纯酒精的浓度,通常是以 20℃时酒中含乙醇(酒精)的体积百分比表示,其单位为"%vol"。如气温 20℃时,50%vol 的白酒,是指在 100ml 的白酒中,含有乙醇 50ml。

按酒精度分类,可将酒分为低度酒、中度酒、高度酒。

低度酒:酒精含量 <20%vol,如啤酒、黄酒、葡萄酒、米酒等。

中度酒:酒精含量在 20~40%vol 之间,如 38%vol 的白酒、马提尼等。

高度酒:酒精含量 >40%vol,如高度白酒、白兰地等。

按照制作方法分类,可将酒分为发酵酒、蒸馏酒及配制酒。

发酵酒:以粮谷、水果、乳类等为主要原料,经发酵或部分发酵酿制而成,如啤酒、葡萄酒、果酒、黄酒等。

蒸馏酒:以粮谷、薯类、水果、乳类等为主要原料,经发酵、蒸馏、勾兑而成,如白酒、白兰地、威士忌、伏特加、朗姆酒、杜松子酒、蒸馏型奶酒等。

配制酒:又称为露酒,是以发酵酒、蒸馏酒或食用酒精为酒基,加入可食用或药食两用的辅料或食品添加剂,进行调配、混合或再加工制成,如动植物泡制酒以及鸡尾酒等。需要特别注意的是,市面上售卖的一些颜色艳丽、酒精度数不高的果味饮品,也属于配制酒,并不是饮料。

(二) 儿童饮酒的危害

古人在《韩非子·说林上》一文中就提到"常酒者,天子失天下,匹夫失其身",揭示了饮酒有害健康的道理。最新的研究也表明,"酒没有安全剂量,即使喝一点也有害"。就儿童而言,身体心理的发育尚不完全,饮酒会对身体、心理和行为产生更大的危害。

1. 对身体的影响

首先,饮酒会损伤大脑结构和功能,降低记忆功能和反应能力,影响认知能力,从而影响学生的学习成绩和课业表现。另外,饮酒年龄越小、饮酒时间越长,大脑受到的影响也越大越久。

其次,未成年人的体形比成年人要小得多,肝脏解酒能力差,滥用酒精的未成年人更容易使胃和肝脏受到损害,发生呕吐、昏迷这两种最常见的醉酒症状。长期习惯性饮酒可增加酒精性肝硬化、消化道溃疡、癌症等的发生风险。

2. 对心理的影响

与儿童期不饮酒者相比,儿童期饮酒的人成年后更容易出现酒精依赖和酗酒。酒精依赖者易出现缺乏自信、比一般人更敏感等现象,还容易引起一系列的精神疾病,如抑郁、狂躁、精神分裂等。

3. 对行为的影响

首先,饮酒者醉酒后容易发生一些意外情况,如溺水、跌倒等,严重者甚至死亡。其次,喝酒易导致人的行为失控,可能做出伤害自己和他人的举动(如打架等)。很多涉及未成年人的车祸、暴力行为、自杀、早孕及性病传播案例都发生在饮酒之后,并常与吸烟、滥用药品等行为伴发,直接危及健康,而且未成年人期即开始饮酒的人在成人期更易出现酗酒等不良行为。

4. 学会拒绝饮酒

目前,我国儿童饮酒问题日益严重,需引起全社会的关注和重视。遇节假日、喜庆的日子或同学聚会的时候,不仅自己要坚决不饮酒,面对大人或朋友的劝酒,也要学会拒绝。

拒绝可通过多种方式,比如直接拒绝,首先态度坚决的表明立场,接着阐明行为后果,例如:"我是未成年人,不能喝酒,喝酒之后我会不舒服。"遇到较难推辞的场合,可以尝试通过转移压力的方式委婉的拒绝,例如:"父母不让我出来玩时喝酒,要是喝了,下次就不让我自己出来玩了。"还可以采取转移话题,提出新建议等方式回避饮酒,例如:"咱们还是喝茶水吧。"

三、课堂实践与拓展

1. 角色扮演

请同学们分组扮演劝酒者和拒绝饮酒者,请其他同学拿出笔记录下每轮拒绝饮酒者拒酒时用到了哪些技巧,老师写在黑板上。

2. 请同学们回家后向家人宣传过量饮酒伤害身体的知识,监督成人适量饮酒,不酗酒,更不要酒后驾车。

四、扩展阅读

1. 未成年人不得饮酒的法律法规

我国自 2006 年 10 月 1 日起,所有酒类产品必须在包装上标注如"过度饮酒有害健康""孕妇和儿童不宜饮酒"等警示语。《中华人民共和国未成年人保护法》《中华人民共和国预防未成年人犯罪法》《酒类商品零售经营管理规范》都规定了不得向未成年人销售酒类,但目前,我国仍缺乏对于合法饮酒年龄的规定。

(1) 我国有关未成年人不得饮酒的法律法规

《中华人民共和国未成年人保护法》第三十七条,禁止向未成年人出售烟酒,经营者应当在显著位置设置不向未成年人出售烟酒的标志;对难以判明未成年的,应当要求其出示身份证。任何人不得在中小学校、幼儿园、托儿所的教室、寝室、活动室和其他未成年人集中活动的场所吸烟、饮酒。

《中华人民共和国未成年人保护法》第十一条,父母或者其他监护人应当关注未成年人的生理、心理状况和行为习惯,以健康的思想、良好的品性和适当的方法教育和影响未成年人,引导未成年人进行有益身心健康的活动,预防和制止

未成年人吸烟、酗酒、流浪、沉迷网络以及赌博、吸毒、卖淫等行为。

《中华人民共和国预防未成年人犯罪法》第十五条规定,任何经营场所不得向未成年人出售烟酒。

《酒类商品零售经营管理规范》也规定,酒类零售经营者不应向未成年人销售酒类商品。

(2) 各国关于未成年人不得饮酒的法律

美国国会于 1984 年通过了《最低饮酒年龄法案》。该法案以联邦政府不再向没有将 21 岁作为最低饮酒年龄的州提供高速公路补贴相威胁。各州在 1987 年之前都将最低饮酒年龄提高到了 21 岁。法律规定,商家向未成年人出售酒精制品并由此导致严重的后果,受到了投诉后将严惩不贷;作为未成年者个人在公开场合饮酒,一经发现,也将要受到法律的惩罚。此外美国各州规定,21 岁以下的驾驶人,其血中酒精浓度不得超过 0.00% 或 0.02%,以减少肇事率。

日本的《禁止未成年人饮酒法》(1922 年制定)规定,未满二十岁者不得饮酒,监护人如得知未成年人饮酒,应制止。贩售或提供酒类之业者不得贩售或提供酒类予未满二十岁者饮用,违反处以罚金。

2. 在学校、家庭营造支持环境,帮助未成年人不饮酒

在学校开展"非成勿饮"的宣传教育,是提高未成年人知识水平、改变其行为的有效措施之一,可试行推广。学校干预可帮助未成年人延迟开始饮酒的年龄。

家长要了解未成年人饮酒的危害,在家庭聚餐中不劝酒,不让孩子过早地尝试饮酒,更多地承担对未成年人不饮酒的教育责任。

3. 关于饮酒误区

(1) 酒精饮料不是酒

酒精饮料其实是配制酒,它是以发酵酒、蒸馏酒或食用酒精等为酒基,添加果汁、糖、水等加工配制而成。虽然所含的酒精浓度低,也不像一般的酒那样入口辛辣,酒味浓郁,却仍然是酒,不能当作饮料,未成年人也不能饮用。

(2) 喝酒脸红就是能喝酒

"喝酒脸红"并不是能喝酒,恰恰相反,"喝酒脸红"是一种酒精代谢缓慢的表现。亚洲人群中有很大比例的人有乙醛脱氢酶遗传缺陷,饮酒之后,乙醇转化形成的乙醛代谢缓慢,造成毛细血管扩张,出现"脸红"的现象,被称为亚裔酒精反应。

(3) 啤酒的酒精度与麦芽度

麦芽度,也就是我们俗称的糖度,是专门用来计量啤酒的一种度数,啤酒上面的 P 代表的是麦芽度。酒精度,则是啤酒里面所含酒精的浓度,而单位为 %(V/V) 的是酒精度。一般来说,啤酒的酒精度为 4.3%(V/V),麦芽度为 12%(V/V)。

第五课　中西方饮食文化

一、教学目标和重点

指导学生了解中西方饮食文化的特点和差异，了解西餐用餐礼仪，通过中西方对比，引导学生思考中国饮食文化的形成。

二、教学内容

（一）中西方饮食文化的差异

饮食文化是中西方文化的重要组成部分之一，它围绕饮食这个核心，包含了饮食观念、食物制作、用餐礼仪等多方面内容。随着世界文化的不断交融，中西方饮食文化也在碰撞和融合，因此，中西方饮食文化差异是当代中小学生营养健康教育的重要部分。

1. 食材与烹饪

中国自古就是农业大国，因此中国传统饮食多以谷类为主，肉少粮多，辅以蔬菜，植物类菜品占主要地位。近年来，随着生活水平的提高和生活方式的改变，我国居民动物性食品的消费量逐渐增加，谷物的加工越来越精细，导致全谷物摄入越来越少。西方传统饮食谷类食物相对较少，动物性食物和蔬菜较多，但食材的种类相对比中国少。

从烹饪角度看，中国的烹饪技艺种类繁多且操作复杂，溜、焖、烧、蒸、炸、酥、烩、扒、炖等无所不有。而西餐烹调过程讲究制作的规范化，对食材和配料的用量的把握要精确得多，操作相对规范和简单。

2. 饮食方式

中国的传统饮食普遍采用共餐制,也就是大家一起吃一桌子的菜。而西方普遍采用分餐制,每个人都只食用自己独立的一份餐。在餐具的选择上,中国普遍采用筷子和勺子作为主要餐具,而西方则习惯使用刀和叉。

3. 餐桌礼仪

在用餐氛围方面,中国饮食文化强调热闹,强调谦让,不同地域还有各具特色的餐桌礼仪;西方饮食文化则更倾向于相对私人的就餐空间,强调尊重个性化。

4. 饮食观念

饮食观念的形成是一个漫长的过程。从古至今,随着社会的发展,中西方饮食文化和饮食观念也在不断地变化和发展,但仍然具有各自的特点。在中国传统饮食文化中,味道是评价食物的重要标准,除此以外,通过饮食表达感情、体现礼仪和表达敬畏也是中国饮食文化的重要特点,因此中国传统饮食通常会比较丰盛。西方人将饮食看做是一种手段,主要从营养的角度理解饮食和摄取食物,更注重科学饮食以保证食物的营养不流失,注重方便快捷,因此饮食相对中国来讲比较简单。

(二) 西餐礼仪

随着西方饮食越来越多地进入中国,各种西餐厅在国内兴起,我们也有越来越多的机会与西方人共同进餐,因此我们有必要了解一些西餐的就餐礼仪和习惯。

1. 餐前准备

在西方,无论是去饭店吃饭还是在家聚餐一般都要先预约,在向饭店预约就餐时,要说明就餐人数,就餐时间以及有没有对餐桌、座位及食品口味的特殊要求。

2. 送餐顺序

西餐中的第一道菜也称为开胃菜,一般可分为冷盘或热盘;第二道菜:汤,一般分为清汤、奶油汤或蔬菜汤等;第三道菜又称副菜,一般可分为三类,水产类、面包类和蛋类;第四道菜:生菜沙拉;第五道菜又称为主菜,一般可为猪排、牛排、鸡排、羊排或海鲜等肉类食物;第六道菜是甜点,一般于主菜后食用,常见的有奶油布丁或冰激凌。

3. 刀叉的使用

西餐的主要餐具是刀、叉、勺子和盘子。用刀叉进餐时,如果有多套刀叉,要从外侧往内侧取用。要左手持叉,右手持刀;切东西时左手拿叉按住食物,右手执刀将其锯成小块,然后用叉子送入口中。需要注意的是,使用刀时,刀刃不可向外。进餐中间需要暂时放下刀叉时,应分别放在盘子的两侧,摆成八字形,刀刃朝向自身,表示还要继续进食。一边吃饭一边说话时,不要手执刀叉在空中挥舞摇晃。用餐完毕时,要把刀叉合在一起,并且把刀锋朝向自己这一面,叉背要朝下,如此一来,服务员就知道可以过来收拾餐盘了。在食用西餐时,千万不要把餐盘端起来吃,这是很失礼的做法。

三、课堂实践与拓展

准备中餐和西餐的餐具,将学生分为几个小组,让同学们练习摆放和使用一下这些餐具,体会中西方餐桌礼仪的不同。

四、扩展阅读

(一) 地中海饮食和日本饮食特点

世界各地有多种不同的膳食模式和膳食结构,其中比较有代表性的健康饮食模式是地中海饮食和日本饮食模式。

所谓地中海膳食模式是指地中海沿岸国家的膳食模式。地中海沿岸国家有葡萄牙、西班牙、法国、意大利、南斯拉夫、意大利、希腊、马耳他、以色列、利比亚、阿尔及利亚、突尼斯、土耳其、埃及和摩洛哥这 14 个国家。这一膳食模式的特点有:①水果、蔬菜多,每人每天平均吃 500~600g;②谷类以粗加工为主,每天约 500g;③海产品每天 50g 以上,以橄榄油为主要食用油,猪肉相对较少;④每天都会吃奶制品,例如奶酪、牛奶、酸奶等;⑤用餐时一般会喝少量葡萄酒。

日本的传统膳食模式是国际上比较推荐的健康膳食模式之一,以鱼虾等海产品、大米、蔬菜、豆类、绿茶摄入较多为特点，能量摄入也较为适中。日本传统膳食模式介于典型的东、西方模式之间，既避免了东方膳食中三低一高（低热能、低蛋白、低脂肪、高碳水化合物），又避免了西方膳食中三高一低（高热能、高蛋白、高脂肪、低碳水化合物）饮食的弊端，是世界两大健康膳食模式之一。

（二）名菜典故

1. 宫保鸡丁——川菜

宫保鸡丁是以鸡肉为原料，配以花生米、辣椒等炒制而成，红而不辣，肉质滑嫩。

清朝有一人叫丁宝桢，因其戍边有功，被封为"太子少保"，人称"丁宫保"。他在四川任官时常微服私访，偶然在一小肆吃到用花生米炒的辣子鸡丁感觉味道很独特，便让家厨照此仿制，后来家厨便以"宫保鸡丁"为此菜命名。还有传说，丁宝桢在四川为官兴修水利造福于民，百姓知其爱吃炒鸡丁，百姓感其德，献其喜食的炒鸡丁，并名曰"宫保鸡丁"。

2. 东坡肉——浙菜

东坡肉又名红烧肉，通常选用新鲜猪五花肉，切成方块，经过蒸或烧制而成，味醇汁浓，软而不烂。

相传北宋大文学家苏东坡在杭州做刺史时，曾将疏浚西湖挖出的泥土筑成沟通南北的苏堤，不仅改善了当地的交通，还消除了水灾，方便了农田灌溉，当地百姓非常感激他。为了报答他，百姓们了解到苏东坡爱吃猪肉，便每逢过年就抬来猪肉拜年。苏东坡收下猪肉后都会叫人制成红酥酥的方肉块，分发给曾经疏浚西湖的民工，百姓们更是感激不尽，便称其为"东坡肉"。

第六课　青春期营养

一、教学目标和重点

指导学生认识青春期的生理特点和营养充足的重要性,知晓青春期合理膳食的基本原则,养成良好的饮食习惯。引导学生关注青春期常见的营养问题,学会通过调整饮食来解决常见的健康行为问题。

二、教学内容

(一)青春期的特点

青春期是从童年到成年的必经阶段,也是人一生中身心生长发育和成熟的关键时期。一般来说,男生和女生进入青春期的年龄略有不同,女生通常比男生早 1~2 岁,女生青春期开始于 10~12 岁,而男生则开始于 12~15 岁。在这段时间,他们的变化主要表现在体格生长发育出现第二个突增高峰,身高和体重开始加速增长,各器官系统的生理功能也逐渐发育成熟,如男生长胡须、喉结开始突出,女生乳房发育、月经来潮等。

在此阶段,他们对能量和营养素的相对需要量高于成人,除了要满足基础代谢和身体活动消耗,还要满足青春期快速生长发育的需要。因此,这一时期的营养状况至关重要,如果出现营养不足的情况,会导致他们身高增长缓慢、骨量峰值降低和青春期推迟;如果出现营养过剩的情况,会引起儿童代谢紊乱,例如肥胖女生会出现月经初潮提早到来的现象。

（二）青春期营养保障的基本原则

1. 多吃谷类，供给充足的能量

青春期学生的能量需要量较大，可因活动量大小而有所不同，宜选择加工较为粗糙、保留大部分 B 族维生素的谷类，适当选择杂粮和豆类。

2. 保证优质蛋白质摄入

蛋白质是生长发育必需的宏量营养素。青少年应保证蛋白质摄入充足，每天需要摄入 55~75g，尤其是优质蛋白质，应占总蛋白质摄入量的 50% 以上。鱼、禽、肉、蛋、奶等动物性食物，以及大豆及其制品是优质蛋白质的良好来源。建议青少年每天吃 1~2 个鸡蛋，每天摄入 300g 及以上的奶或奶制品，适量多吃瘦肉、鸡肉、鱼虾、豆腐或豆干等。

3. 多吃新鲜蔬菜水果

蔬菜和水果是膳食中维生素和膳食纤维的重要来源。青少年应保证餐餐有蔬菜，每天需要摄入 300~500g 的新鲜蔬菜，其中深色蔬菜应占 1/3~1/2，如胡萝卜、菠菜、油菜、南瓜等。建议每天吃 3 种以上新鲜蔬菜。青少年应保证天天吃水果，每天需要摄入 200~350g 的新鲜水果。不用果汁代替新鲜水果，即使是鲜榨果汁的营养价值也远不及新鲜水果。一天中可少量多次的吃水果，挑选多个品种。

4. 适量吃鱼、禽、蛋、瘦肉

动物性食物不仅可以提供人体必需的蛋白质、脂肪，还能提供脂溶性维生素、B 族维生素和矿物质等。青少年应适量摄入肉类,其中优先选择鱼虾等水产和鸡鸭等禽类,而猪牛羊等畜类以瘦肉摄入为主,少吃或不吃肥肉及烟熏和腌制肉类。为满足维生素 A 等微量营养素需要,每周可以吃 1 次动物肝脏,每次 20~25g。建议每天摄入鱼虾类 40~75g,畜禽肉类 40~75g,蛋类 40~50g,平均每天摄入鱼、禽、蛋、瘦肉总量为 120~200g,预防超重肥胖的发生。

5. 少盐少油少糖

青少年应培养清淡的饮食习惯,建议每天食盐摄入量不超过 5g,每天烹调油摄入量 25~30g,每天添加糖摄入量不超过 50g,最好控制在 25g 以下。日常饮食中,不额外添加咸的调味品,少吃或不吃肥肉、油炸食品以及热量高的膨化食品,控制高添加糖食品的摄入,如含糖饮料、糖果和巧克力等。

6. 禁止饮酒

青少年生长发育尚未完全,对酒精的耐受力低,这个时期饮酒容易发生酒精中毒及脏器功能损害,从而影响认知和行为,并导致学习能力下降。同时,酒精对身体造成的危害是不可逆的,对成年后的健康也会产生长远影响。因此,学龄儿童应坚决对饮酒说"不"。

(三) 青春期常见问题及预防

青少年时期是生长发育的关键期,人体对各种营养素的需要量都达到最大值,如果膳食营养不能满足身体需要,那么青少年可能出现发育缓慢或推迟现象,还有可能出现以下问题:

1. 贫血

青春期正值生长发育突增阶段,青少年对铁的需要量增加,一般每增加 1kg 体重约需增加铁 35~45mg。特别是女生,由于月经初潮的出现,每个月都会从月经中丢失大量铁,如果没有得到及时补充,更容易发生缺铁性贫血。青春期发生缺铁性贫血时,可能出现疲劳乏力、头晕、心慌、注意力不集中或指甲脆薄等症状,还会阻碍正常生长发育、降低免疫力与抗寒能力、影响学习能力等。

为此,青春期学生要常吃含铁丰富且容易吸收的动物性食物,如猪肝、鸭血、瘦肉(牛肉)、蛋黄、海产品(鱼)等,以及富含维生素 C 的新鲜蔬菜水果如菠菜、芹菜叶、柑橘、猕猴桃、番茄等,以促进铁的吸收,也可以使用铁强化酱油等来改善铁营养状况。

2. 青春痘

青春痘又称痤疮,是由多种因素诱发形成的、好发于青春期的毛囊皮脂腺慢性炎症性皮肤病,常见于男生。为满足青春期身体生长发育,男生和女生体内的雄激素水平呈现生理性增加,从而可能引起痤疮的发生。此外,饮食也是诱发痤疮的重要因素之一。

处于痤疮期的青少年应少吃辛辣、油腻等刺激性食物,以及巧克力、冰激凌等高糖、高脂类食物。应多吃富含维生素 A、B 族维生素和锌的食物,如胡萝卜、菠菜、肝脏、瘦肉、奶类等。

3. 变声

变声期是青少年在生长发育过程中的必经阶段,一般为半年至一年。在这期间,青少年应注意保护自己的嗓子,避免外界的刺激造成声带损伤,从而影响成年后的嗓音。

为了保证变声期能安全顺利的度过,青少年要避免食用辛辣、刺激性过强的食物,应多食用柔软、富含胶原蛋白和弹性蛋白的食物,如猪蹄、猪皮、鱼类等,同时增加富含 B 族维生素的新鲜蔬菜水果以及钙含量较高的鱼虾、奶类的摄入。

4. 盲目节食减肥

有些青少年为了追求体形的完美喜欢通过节食减肥,但是节食会导致基本的能量和营养素需要无法得到满足,一旦节食过度,会导致机体新陈代谢紊乱,出现头晕、乏力、营养不良、免疫力下降,女生出现停经、闭经等健康问题。过度节食还会产生强烈的饥饿感,使血液中酮体增多,抑制食欲,引起"神经性厌食症",使得人体无法自主自由的进食,严重者可导致死亡。

青春期出现超重肥胖的情况,要在保证正常生长发育的前提下适当减少食物总量及总能量的摄入,合理的控制饮食。减少高能量食物如肥肉、油炸食品等的摄入,少吃不健康零食和含糖饮料,如辣条、可乐等。同时,鼓励青少年积极开展身体活动,减少静态活动,制订科学有效的减重方案。

三、课堂实践与拓展

每位同学分享一个青春期的良好饮食习惯,可以通过举例或讲故事的形式。例如,如何做到食物多样化、如何保持健康体重、保证每天吃新鲜蔬菜等。

四、扩展阅读

(一) 如何保障身高突增时期青少年的营养

青少年饮食应多样化,保证营养均衡。每天的膳食应包括谷薯类、蔬菜水果类、禽畜鱼蛋奶类、大豆坚果类等食物。建议平均每天至少摄入 12 种以上食物,每周 25 种以上,可进行同类食物互换。

由于青春期生长发育迅速,青少年对能量和营养素的需要量增加。膳食中的能量来源主要是碳水化合物、脂类和蛋白质。身高突增的青少年应增加优质蛋白质的摄入,如鱼、禽、肉、蛋、奶等动物性食物,以及大豆制品;适量摄入富含 DHA 的海鱼;限制纯能量食物的摄入,如食用油、糖和酒类。同时,青春期是骨量获得的关键时期。青少年身高增长过快,对钙需要量增加,青少年应保证每天喝 1 杯牛奶,或选择酸奶、奶酪、奶粉等互相搭配,多吃大豆及其制品,如豆腐、豆干和豆浆等;一些深色蔬菜中钙含量也较丰富,如红萝卜缨、油菜和小白菜等。

鼓励青少年保持适宜的身体活动水平,并且经常进行户外活动,增加光照时间,从而保证或改善维生素 D 营养状况,促进钙的吸收利用。

(二) 青春期是否需要添加营养素补充剂

膳食均衡的青少年一般不建议额外服用营养素补充剂。但如果青少年日常膳食无法满足每日所需的维生素和矿物质,那么适量服用营养素补充剂还是有必要的,如常见的维生素 C 片、B 族维生素片、钙镁片、复合维生素片等。

营养素补充剂的作用是快速获得所需的营养,补充日常膳食的不足。例如,很少吃新鲜蔬菜水果、有吸烟饮酒习惯、长期保持大运动量的人群可适量补充维生素 C;不吃粗杂粮、长期熬夜、口角炎等人群可适量补充 B 族维生素;很少吃植物油、坚果和大豆,且常吃油炸食品、有吸烟饮酒习惯的人群可适量补充维生素 E。

需要注意的是,营养素补充剂不能作为食物的替代品,过量服用会带来多种不良反应,严重时还会导致疾病的发生。保证均衡膳食才是青少年满足生长发育所需营养的最佳方法。

(三) 营养强化食品

营养强化食品是指在食物加工过程中添加了人体必需但在日常膳食中又易缺乏的营养素。全球众多营养干预和营养改善项目结果表明,营养强化对提高和改善人群营养状况,预防隐性饥饿的发生具有显著效果。目前,营养强化食品已逐渐进入居民日常饮食中,其主要涉及调味品强化(如食盐加碘、铁强化酱油)、主食强化(如面粉、大米)、配方乳粉(如婴幼儿配方乳粉)、辅食强化(如饼干、果汁)等。

1. 食盐加碘

食盐加碘是防治碘缺乏最有效的措施。在国际上,一些发达国家政府早在 20 世纪 80 年代就开始推广食盐全部加碘计划,如瑞士、美国、奥地利等。

碘盐是指含有碘酸钾的氯化钠的食盐。食盐加碘是我国目前唯一被立法强制进行的食物强化,我国于 1993 年立法实行食盐加碘,为实现到 2000 年消除碘缺乏病的目标,制定了消除碘缺乏工作策略和措施等内容。

值得注意的是,世界卫生组织建议成年人每人每天的食盐摄入量应少于 5g,而儿童应酌情减少。部分高碘地区可以选用无碘盐。

2. 铁强化酱油

根据世界卫生组织的报告,缺铁和缺铁性贫血是严重影响儿童、妇女和老年人健康状况的营养素缺乏症。食物铁强化是目前国际公认最经济、有效和可持续的人群补铁的方法,发达国家早在 20 世纪 60 年代就开始在食物中强化营养素。铁强化之所以选择酱油为食物载体,是因为中国 80% 以上的家庭在日常烹饪中都会使用酱油。有研究表明,对 304 名 14~17 岁儿童的日常饮食中连续使用铁强化酱油 3 个月后,98% 的儿童贫血症状得到了改善,应用铁强化酱油补铁效果显著。